知的生きかた文庫

35歳から
人生が豊かになる故事・ことわざ

向谷匡史

JN283342

三笠書房

はじめに

一読するだけで「生き方の達人」になる本

この本におさめた故事・ことわざには、「**人生を変える力**」がある。

「ただの教養」などと思ってもらっては、正直困る。

先人たちが人生の壁にぶつかり、その壁に爪を立て、渾身《こんしん》の力でよじのぼってきた血のにじむような体験の一つひとつが、本書の故事・ことわざにはたっぷり凝縮されているのだ。

だから、言葉に力がある。

一言半句が、生きる勇気を与えてくれる。

歴史という風雪に耐え、現代に脈々と語りつがれる故事・ことわざであるからこそ、**人生の困難を解決し、豊かな人生へと変える力**があるのだ。

たとえば《仏千人神千人《ほとけせんにんかみせんにん》》ということわざがある。

一見してユーモラスな情景が目に浮かぶだろう。七福神を連想して「世の中、悪い人ばかりじゃないさ。仏様や神様のような善人もたくさんいるから心配しなさんな」――という〝人生の楽観〟を説くことわざに思える人もいるだろう。

ちがうのだ。

それは皮相的な解釈であって、このことわざを深く読み解けば、「目先の損得や好悪《こうお》にとらわれることなく、すべての人が自分を活かしてくれる糧《かて》になると考える。そうすれば、この世に鬼はなく、**人すべて神仏となる**」という意味になる。すなわち、鬼も神仏も、自分の心のなかに棲《す》んでおり、渡る世間に鬼を見るか神仏を見るかは、自分の「人間観」が決める――と、先人はことわざに託して私たちに教えているのだ。

力になってくれる人には心から感謝する。だが、気が合わない人や足を引っ張る人、敵対する人であっても、**反面教師として自分の前に現われてくれた神仏**だと思ってみる。そうすれば、この世に鬼は一人としていないことになる。

つまり、自分の心に鬼を宿《やど》すか、神仏を宿すか――。

すべては自分の心が決めるということにおいて、まさに《仏千人神千人》。渡る世間に、けっして鬼はいないということになるのである。

これは先人たちの体験からにじみ出た言葉だ。だからこそ味わい深い。

私はこのことわざを口にするとき、不条理の人生において、先人たちがこの言葉を口に唱えた姿が目に浮かぶ。

ためしに「仏千人神千人」という言葉を**声に出して三回、唱えてほしい**。一見してユーモラスに思えたこのことわざが、別の響きをもって心に迫り、**この世に鬼など一人もいないことが実感できる**だろう。

これが、**故事・ことわざの持つ力**なのである。

私は、宗祖親鸞《しんらん》聖人の教えを学ぶ浄土真宗本願寺派の僧侶だ。その立場で、人生について深く考えれば考えるほど、言葉の持つ力というものに圧倒される。先人が私たちに遺《のこ》してくれた言葉は、まさに人生の袋小路に射し込むひと筋の光明であり、それが故事・ことわざとして現代に息づいているのである。

この本は、《起きて半畳《はんじょう》、寝て一畳《いちじょう》》《江戸っ子は宵越《よいご》しの銭は使わぬ》《人の噂も七十五日《しちじゅうごにち》》など、**肩の力がスッと抜けたり、人生にあくせくしなくなる**、読めば必ず人生が豊かになる故事・ことわざを一冊に集めた。

「教養」が身につくだけでなく、幸せで豊かな人生を送るための「**実用性**」**と**「**効能**」**のあるものばかり**だ。新たな発見もあれば、故事・ことわざの深い意味を知って、目からウロコの思いもあるだろう。

どうか、肩の力を抜いて読んでいただきたい。一読するだけで、人生に対する考え方は確実に変わるものと自負している。多少大仰《おおぎょう》な言い方をすれば「**いつの間にやら、生き方の達人になる**」といったところだろうか。

人生は矛盾に満ちている。それが現実だ。

だが、それでも、心豊かに人生を送っている人はいる。

不平不満で日々を生きている人と、心豊かな人とは、どこがどう違うのだろうか。

その答えが故事・ことわざにある。僧籍にある一人として、これを深く読み解き、平易でわかりやすく説いた。「**人生の書**」として手元に置き、折に触れて開いていただければ幸いである。

向谷匡史

『35歳から人生が豊かになる故事・ことわざ』◉もくじ

はじめに　一読するだけで「生き方の達人」になる本　3

1章 恐れない

「日日是好日《にちにちこれこうじつ》」「蝸《か》牛《ぎゅう》角《かく》上《じょう》の争い」「人の噂も七十《しちじゅう》五《ご》日《にち》」
——心に元気をくれる故事・ことわざ

日日是好日《にちにちこれこうじつ》
▼人生は「面白がる」。すると本当に「面白くなる」　22
起きて半畳《はんじょう》、寝て一畳《いちじょう》
▼今日一日、このひと言で「あくせく」しなくなる　26
一《いち》押《お》し二《に》金《かね》三《さん》男《おとこ》
▼女には「押す」。上司には「引かせる」——人間関係のツボ　29

江戸っ子は宵越《よいご》しの銭は使わぬ
▼「今日は今日。明日は明日」が人生・豊かさのコツ　32
日陰《ひかげ》の豆も時がくればはぜる
▼努力の達人――「努力は報われる」と考えれば、必ず報われる　36
鯉《こい》の滝登《たきのぼ》り
▼端午の節句――鯉のぼりが「登竜門」をくぐると龍になる　39
有《あ》る時の米の飯
▼どこに行っても「お天道様」だけはついてきてくれる　43
正直の頭《こうべ》に神宿《かみやど》る
▼「人生街道、大手を振って歩く」生き方　47
蝸牛角上《かぎゅうかくじょう》の争い
▼ときに「宇宙の東西南北」から自分を見てみる　51
人間万事塞翁《じんかんばんじさいおう》が馬《うま》
▼不幸は「幸運の種」と思えるか、どうか　55

人の噂も七十五日《しちじゅうごにち》
▼カチンとくることを「さらりと聞き流す」法　58
へそが茶を沸かす
▼「茶を沸かす」が「茶化す（バカにする）」の意味になった訳　61
案じるより団子汁《だんごじる》
▼人生で「怖いことがほぼなくなる」一行　65
犬も歩けば棒に当たる
▼あなたにとって「人生の棒」とは？　69
壺中《こちゅう》の天《てん》
▼心の浄化法——まず「目を閉じて壺を一つ思い浮かべる」　73

2章

悩まない

「人には添うてみよ、馬には乗ってみよ」「えせ侍《ざむらい》の刀いじり」
——人づき合いが楽になる故事・ことわざ

仏《ほとけ》千人《せんにん》神《かみ》千人《せんにん》
▼「貧乏神も神様のうち」と考えると金運が高まる　78

えせ侍《ざむらい》の刀いじり
▼新撰組の「相手の器量を瞬時に見抜く法」　82

人には添うてみよ、馬には乗ってみよ
▼「人の素質を的確に読む」名伯楽のコツ　85

太鼓も撥《ばち》の当たりよう
▼「西郷は鐘、龍馬は鐘をつく木」——人物眼の養い方　89

袖《そで》振り合うも多生《たしょう》の縁
▼「苦手な人がいなくなる」法　93
牡丹《ぼたん》に唐獅子《からじし》、竹に虎
▼自分は「生きている」のでなく「生かされている」　96
見ざる聞かざる言わざる
▼短所は「見ない・聞かない・言わない」——豊かさの極意　99
亭主《ていしゅ》三杯《さんばい》客《きゃく》一杯《いっぱい》
▼三十五歳を過ぎたら「酒席」で差をつけてみる　103
怒れる拳《こぶし》、笑顔に当たらず
▼ときに「笑顔で勝負してみる」　107
逸物《いちもつ》の鷹《たか》も放さねば捕《と》らず
▼人間の器量——たとえば「自分のタカ」をどう使うか　111
水清《みずきよ》ければ魚棲《うおす》まず
▼対人関係は「ほどよく濁ってみせる」のがいい　115

石に裃《かみしも》
▼東海道五十三次「京発ち石部泊まり」がなぜ野暮になる？ 119

3章 くすぶらない

「空馬《からうま》に怪我《けが》なし」「手功《てこう》より目功《めこう》」「水広《みずひろ》ければ魚大《うおだい》なり」——人間が大きくなる故事・ことわざ

抜かぬ太刀《たち》の功名《こうみょう》
▼薩摩・示現流の「刀を抜かずして事をおさめる法」 124
家柄より芋がら
▼三十五歳を超えたら「人柄で仕事をしてみる」 128
大きい薬缶《やかん》は沸きが遅い
▼大器晩成の人の「晩成するまでの過ごし方」 132

空馬《からうま》に怪我《けが》なし
▼「欲」という「荷物」を少しだけ捨ててみる　135
忙中閑《ぼうちゅうかん》あり
▼忙しいときの「感覚が研ぎ澄まされる一瞬」　138
大きな家には大きな風
▼心配事は「人生の必要経費」　141
智は愚を責めず
▼聖徳太子の処世訓――「自分は賢くもないが愚かでもない」　144
泰山《たいざん》は土壌《どじょう》を譲《ゆず》らず
▼始皇帝の勝因――相手が誰であれ「まずは受け入れる」　147
田舎学問より京の昼寝
▼人間は「一流なら手本、三流なら反面教師」　150
亀の甲より年の功
▼玄武・青龍・白虎・朱雀――「四神に守られる」生き方　153

手功《てこう》より目功《めこう》
▼「木を見て同時に森を見る」能力を磨く 157
河童《かっぱ》の川流れ
▼河童はなぜ「人の尻を食う」のか 161
水広《みずひろ》ければ魚大《うおだい》なり
▼部下を見れば「上司の能力」がすぐわかる！ 164
気は長く勤めは堅く
▼怒ると「寿命が一つ縮まる」 168

4章

あせらない

「浮き世は回り持ち」「待てば海路《かいろ》の日和《ひより》あり」「楽人楽《らくじんらく》を知らず」
——どっしり構えて、幸運を待つ故事・ことわざ

禍福《かふく》は糾《あざな》える縄《なわ》のごとし
▼人生は、「山あり谷あり」でなく「山は谷」と考える　174

果報《かほう》は寝て待て
▼「のんびり昼寝をしながら結果を待つ」境地　177

砂《いさご》に黄金《こがね》、泥《でい》に蓮《はちす》
▼「逆境にびくともしない人間になる」言葉　181

浮き世は回り持ち
▼幸運は「順番待ち」。いつかはめぐってくる　185

陰徳《いんとく》あれば陽報《ようほう》あり
▼三十五歳から「人生の品格」が高まる習慣　188
金《かね》は三欠《さんか》くに溜まる
▼性悪説・荀子が説いた「富豪になる三角術」　192
花《はな》は半開《はんかい》、酒はほろ酔い
▼「五分咲き」を「満開」同様に楽しむ心得　196
待てば海路《かいろ》の日和《ひより》あり
▼人生とは結局「あせる心との戦い」　199
楽人楽《らくじんらく》を知らず
▼「不平不満を口にする人間」ほど、じつは恵まれている　202
富貴天《ふうきてん》にあり
▼「努力だけに頼らない」――運を引き寄せる生き方　205

5章 迷わない

「乾坤一擲《けんこんいってき》」「出船《でふね》に船頭《せんどう》待たず」「三十六計逃《さんじゅうろっけいに》げるに如《し》かず」
――「ぶれない自分」をつくる故事・ことわざ

乾坤一擲《けんこんいってき》
▼天(奇数)が出るか、地(偶数)が出るか――「人生の大勝負」に勝つ法 210

小異《しょうい》を捨てて大同《だいどう》につく
▼たとえば「会議には十・五・三で臨め」 214

柳に雪《ゆき》折《お》れなし
▼長い人生「一着もビリもない」と肝に銘じる 218

人間到《じんかんいた》る処《ところ》青山《せいざん》有《あ》り
▼「人生、なんとかなる」と思えば、本当に「なんとかなる」 222

時の代官、日の奉行
▼長いものには一度は「徹底的に巻かれてみる」 225
下手《へた》の金的《きんてき》
▼「射ぬ矢は当たらない」——人生を確率で考えてみる 229
三十六計《さんじゅうろっけい》逃《に》げるに如《し》かず
▼強者だから「逃げることを恐れない」 232
善は急げ
▼「悪魔がささやく前」に動け 236
出船《でふね》に船頭《せんどう》待たず
▼人生の「追い風」——帆を上げて確実にとらえる法 239
鶴は千年、亀は万年
▼一年を「二倍の長さ」にする生き方 242
瑠璃《るり》も玻璃《はり》も照らせば光る
▼ときに「心の鏡」に自分を映してみる 246

本文イラスト――赤池佳江子
本文DTP――川又美智子

1章

恐れない

「日日是好日《にちにちこれこうじつ》」「蝸牛角上《かぎゅうかくじょう》の争い」
「人の噂も七十五日《しちじゅうごにち》」

――心に元気をくれる故事・ことわざ

日日是好日《にちにちこれこうじつ》

人生は「面白がる」。すると本当に「面白くなる」

毎日が、満ち足りるような生き方がある。面白がる——という生き方だ。

これを中国・唐《とう》代の名僧・雲門《うんもん》は《日日是好日》と喝破《かっぱ》した。「どんな日も、かけがえのない一日」という意味だが、これを噛み砕いて解釈すれば、

「楽しくて笑い転げるような日もあれば、悲しみに沈む日もある。順風満帆のときもあれば、逆風に苦しむときもあるだろう。だが、**一日一日を人生のかけがえのない時間としてとらえれば、いい日も悪い日もない**。そう思って今日という日を精一杯に生きよ」

ということになろうか。つまり、「今日という日が〝好日〟であるかどうかは、心の持ちようで決まる」ということであり、〝面白がる〟という生き方はその実践であろうと、私は読み解くのである。

雲門は、中国禅宗の一つである雲門宗の始祖だ。寺院と言えば、現代日本の〝葬式仏教〟を思い浮かべるだろうが、当時、中国禅宗の寺院は仏法を学ぶための修行の場。雲門が現在の広東省乳源県《にゅうげんけん》の雲門山に建立した光泰院《こうたいいん》には常時、千人を超える修行者がいたというから、いかにその名声が轟《とどろ》いていたかわかるだろう。

その雲門が、ある日、修行僧たちにこう問いかけた。

「十五日已前《いぜん》は汝《なんじ》に問わず、十五日已後《いご》一句を道《い》い将《も》ち来《きた》れ」

ひらたく言えば、

「今までのことは不問にするから、明日からどういう生き方をするか、その覚悟を言ってみなさい」

と尋ねたのである。

ここで言う「十五日」とは禅修行の節目のことで、結夏《けつげ》（修行開始の日）、解夏《げげ》（修行が終わった日）、布薩《ふさつ》（懺悔《さんげ》の日）などがあり、古来、それにちなんでの説法が行なわれる。そこで雲門は修行僧たちに対して、

「過ぎ去った過去を振り返るのではなく、**これから先をどういう心持ちで生きていけば良いか、**一句をもって述べよ」

と問うたわけである。

禅宗の修行は坐禅だけでなく、このような「禅問答」がある。師家《しけ》（指導者）の問いかけを公案と言い、修行者が悟りを開くための課題として与えられるものである。それは、たとえば「両手を打ち合わせれば音がする。では、片手ではどんな音がするのか」（隻手音声《せきしゅおんじょう》）といった問いのように、論理的思考ではけっして解けないような矛盾や不合理なものとなっている。

そのため修行僧も師家も発言は論理的でなく、激しい問答が繰り返され、修行僧はときに棒で打たれることもあった。公案は修行僧にとって、全身全霊をかけた問答なのである。ちなみに《日日是好日》は、唐代に書かれ、禅僧の教科書とされる公案集『碧巌録《へきがんろく》』の六番目に出てくる。

さて、雲門の問いかけに修行僧たちは何と答えたか。

沈黙である。

誰一人として答えられなかった。師家が雲門ということで、めったな答えは口にできないという畏《おそ》れもあったのだろう。雲門はやむなく自分で答えを出す。それが《日日是好日》というわけである。

この答えを修行者たちはどう受け止めたのか、私にはわからない。一説には二十年間、雲門がこの答えで何を言おうとしたのかその真意がわからず、悩みつづけた修行僧もいたという。《日日是好日》という平易な言葉には、それほど深い意味があったということなのである。

こんにちの仏法的な解釈では、「どんな日も、かけがえのない一日」——すなわち「過去を問わず、未来を恃《たの》まず、ただこの一瞬を生きる」という生き方を〝好日〟とするが、修行僧でもない私たちが、この言葉を現実生活に重ねて読み解けば、「不平不満はたくさんあるだろうが、**今日という日を面白がるところに好日がある**」ということになるだろう。

箸《はし》が転んでも笑い転げるという、思春期の女の子たちの、まさにあの生き方である。

今日を「かけがえのない一日」にする法

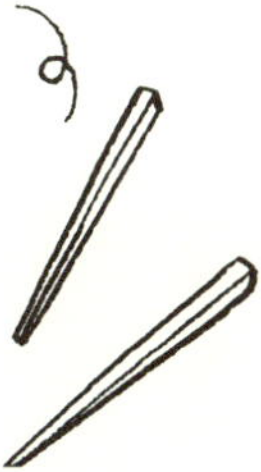

起きて半畳《はんじょう》、寝て一畳《いちじょう》

今日一日、このひと言で「あくせく」しなくなる

「不足感」を解消すれば、生きることはうんと楽になる。

なぜなら、苦しみの根源は、求めて満たされぬ「不足感」にあるからだ。たとえ不足であろうとも、「今の生活で十分ではないか」と自分に言い聞かせ、得心することができたなら、人生はなんと楽になることだろう。

このことをさとすのが、《起きて半畳、寝て一畳》ということわざだ。「どんな大邸宅に住もうと、寝るスペースは畳一枚分あれば足りるし、起きているときに立っているスペースはせいぜい畳半分に過ぎない」ということから転じて、「**必要以上の富を望んであくせくするのは、結局、自分を苦しめるだけだ**」という意味になる。

出典は、信長説から秀吉説、家康説、禅語からの由来説、さらに夏目漱石門下の内田百閒《ひゃっけん》が広めたという説などさまざまあるが、類義に《千畳敷《せんじょうじき》に寝ても一畳》とい

うことわざがあることから、江戸時代のものと考えていいだろう。「千畳敷」とは、江戸城本丸にある大広間の別称で、東西五十メートル、四百畳を超え、ここで将軍の引見《いんけん》（目下の者を呼び入れて面会すること）などが行なわれた。

また、将軍が泊まる大奥の寝室は「御小座敷《おこざしき》」と呼ばれ、上段の間、下段の間、さらに次の間が二つと異常に広い部屋だった。何しろ御小座敷と御台様《みだい》（正妻）の居間は四百メートルもの距離があったというから、大奥の広い「寝室」と大広間の「千畳敷」とを掛け、《千畳敷に寝ても》と揶揄《やゆ》したのだろう。

一方、江戸庶民の大半は「九尺二間《けん》」と呼ばれる裏長屋で暮らした。九尺二間とは間口九尺（約二・七メートル）、奥行き二間（約三・六メートル）の、わずか三坪（六畳）ほどのスペースのことで、ここで家族全員が暮らした。

劣悪な居住環境――というのは当世の価値観で、囲碁や将棋、世間話を楽しみたければ、湯屋（銭湯）に行って二階の広間に上がればいい。髪結床《かみゆいどこ》（床屋）も、熊さん八《はっ》つぁんたちの社交場だ。仕事をして、外で遊んで、夜になったら長屋という〝寝室〟にもぐり込む。

これが江戸庶民の居住感覚だった。広い家に住みたいという願望もあったろうが、

その願望によって自分が苦しむということを承知していたからこそ、

「てやんでぇ。お城で寝ようが、長屋で寝ようが、一畳ありゃ、十分でぇ」

と笑い飛ばしたのだろう。

なお、《起きて半畳、寝て一畳》の後に《天下取っても二合半》と続けて用いるのが一般的で、「二合半」とは扶持米《ふちまい》からきた言葉だ。扶持米とは、幕府から下級武士に支給される〝家族・使用人手当〟のようなものと思えばいいだろう。一日当たり男五合、女三合が換算されて毎月支給されるが、江戸時代中期までは一日二食の食生活だったので、扶持米五合を二合半ずつ二回に分けて食べた。

このことから、「二合半」とは一食当たりの食事量をさすようになった。身分の上下にかかわらず、一食に食べる米は二合半程度で満腹になり、それ以上は腹に入らないことから、《天下取っても二合半》というわけである。

希望をいだくのは悪いことではない。だがその希望が、今の生活に対する不満の裏返しであるとしたら、それは不幸なことだ。なぜなら、**幸せな人生こそ、**「**今在《あ》る境遇**」**を楽しむところにもたらされるもの**であるからだ。

すなわち《起きて半畳、寝て一畳、天下取っても二合半》の生き方を言うのである。

一《いち》押《お》し二《に》金《かね》三《さん》男《おとこ》

女には「押す」。上司には「引かせる」——人間関係のツボ

豊かな人生を送りたければ、「たら」という言葉を口にしないことだ。

「お金があったら」「上司に理解があったら」「もう少し若かったら」「もっと能力があったら」……等々、多くの人は「たら」を持ち出して言い訳をする。なるほど、お金があれば実現できることもあるだろうし、上司にもっと理解があれば仕事で冒険ができるかもしれない。もっと若ければチャレンジできる夢もあるだろう。

だが、「たら」が満たされなければ、豊かな人生を送れないのだろうか？

私はそうは思わない。やればできるにもかかわらず、その努力を放棄し、「たら」という言い訳に逃げ込んでいるだけなのである。

このことを恋愛術にたとえて教えるのが、《一押し二金三男》ということわざだ。

「ほれた女性を口説くには、**押しの強さが第一**。お金があることや男ぶりのよさは第

二、第三の条件に過ぎない」という意味だが、これを人生論として読み解けば「熱意で人生は豊かになる」ということになる。

知人の美容整形外科医は、「異性にモテない人の多くは、自分の容姿に原因があると思い込んでいる」として、こんなふうに語る。

「整形手術によって、モテない原因が取り除かれたという思いが、その人の性格を積極的にします。だから恋愛もうまくいく。本人は自分がきれいになったからだと思っているでしょうが、そうじゃない。**笑顔に満ち、人生に積極的になるから**です」

言い換えれば、イケメンや美人でなくても、情熱をもって積極的に押していけば素敵な恋愛を手に入れることができるということになる。逆に、どんな美形であろうとも、その表情にほとばしるような情熱がなければ、相手の心を揺さぶることはない。

同じような戒めに《一引き二才三学問》ということわざがある。「出世の条件は、まず上の人間の引き立てを得ることが第一。世渡りの才能や能力はその次の条件に過ぎない」という意味で、上の人間の引き立て——すなわち、見どころのある人間として認められるべく情熱をもって出世の第一条件とする。

ところが、その努力をしない人間に限って「上司に部下を見る目があったら」「一流校を出ていたら」「もっとチャンスをくれたら」と「たら」に逃げるのだ。

あるいは人気役者の条件として、《一に調子二に振り三に男》という。

「第一にセリフ回しの調子の良さ、次いで仕草や踊りの巧みさ、そして最後に容姿」とする。「人気役者＝イケメン、美人」と思いがちだが、そうではなく、セリフという役者の本道こそが、人気を左右するという。セリフ回しとは稽古——すなわち努力のことを言うのだ。

いつの間にやら「豊かな心」になる法

また、これはことわざではないが、私が籍を置く僧侶の世界にも《一声二姿三男》という言葉がある。何より読経の声が大事で、次いでお経を称えるときの姿、そして最後が見てくれ（容姿）となる。つまり、どんな世界においても、「たら」を封じ、**情熱さえあれば目的は達せられる**ということなのである。

江戸っ子は宵越《よいご》しの銭は使わぬ

「今日は今日。明日は明日」が人生・豊かさのコツ

本当に心豊かに生きるには、意外にも「やせ我慢」が効果的だ。

大岡越前守《えちぜんのかみ》を題材にした落語『三方一両損《さんぽういちりょうぞん》』に、こんなセリフがある。しゃべるのは左官屋の金太郎で、彼は越前守にこう言うのだ。

「金を残すような目にあいたくねぇ、どうか出世するような災難に出合いたくねぇと思えばこそ、毎日、金毘羅《こんぴら》様へお灯明《とうみょう》を上げて拝んでいるんじゃありませんか」

お金を残すような人間、出世を願うような人間に見られるのは死んでも嫌だ、と訴えているのだ。この落語は人情をもって裁く〝大岡裁き〟がテーマだが、その背景にあるのは、出世やお金にとらわれることを恥とする江戸職人の人生観——すなわち**「意地」と「粋《いき》」**なのである。

ストーリーは左官屋の金太郎が財布を拾ったことから始まる。財布のなかには三両

のほか、書付《かきつけ》（証文・勘定書）と印形《いんぎょう》（印章）が入っていたので、落とし主が大工の吉五郎とわかり、自宅の長屋へ届けたところが、

「書付と印形は俺のものだからもらっとくが、落とした金はもう俺のものじゃねぇ。よけぇなことしねぇで、とっとと持ってけぇれ」

と突っぱねたことでケンカになり、仲裁に入った大家が奉行所に裁定を持ち込む。金太郎と吉五郎は大岡越前守を前に、いかに自分のほうが正しいかを主張するのだ。

落とし主の吉五郎が言う。

「そりゃ、落っことしたことはわかってますよ、だけど江戸っ子が後ろを振り返ったり、それを拾ったりすりゃあ、みっともねぇでしょう。だから、さっぱりしていい気分だってんで、家へ帰って一杯やっていると、この野郎がお節介にも財布を持ってきやがったんでさ」

すると金太郎が目を剥《む》いて、

「冗談じゃねぇ！　拾った財布のなかに書付があったから当人のところへわざわざ届けてやったんじゃねぇか。それも金はたったの三両だ。猫ばばするようなさもしい了見なんざ、持っちゃいねぇよ。そういう了見なら、とっくに棟梁になってるよ」

そして冒頭のセリフ――「金を残すような目にあいたくねぇ、……」と、越前守に訴えるというわけである。

双方、頑として三両の受け取りを拒否。そこで大岡越前守は懐から一両足して四両とし、二人に二両ずつ分け与えてから、「そのまま受け取れば三両となったものを一両ずつ損をし、越前も同じく一両の損」と〝大岡裁き〟で丸くおさめたというのが落語『三方一両損』である。

《江戸っ子は宵越しの銭は使わぬ》とは、この金太郎や吉五郎のような、江戸の職人気質《かたぎ》を表わすことわざだ。「その日稼いだ金は明日に持ち越さず、その日に使ってしまう」ということから転じて**「金に恋々とするのはみっともない」**とする江戸っ子の粋を表わす。

では「江戸っ子の粋」とは何だろうか。

江戸は参勤交代の武士、江戸店《だな》の奉公人など地方出身者が多く、彼らが幅をきかすにつれて、江戸生まれで江戸育ちの人間たちに地元意識がつのっていった。彼らは「田舎者といっしょにしねぇでくれ」という強烈なプライドをいだき、これが粋という美意識に昇華していくのである。

腹が減ったからといって物欲しそうにするのは野暮な田舎者のすることで、江戸っ子は「腹なんか減っちゃいねぇよ」と涼しい顔をする。あるいは、寒いからと言って厚着をするのは田舎者で、ブルブル震えながらでも「今日はあったけぇじゃねぇか」と笑ってみせるのを粋とした。

金銭感覚も同様で「明日の心配をして銭なんか残すんじゃねぇ。明日は明日の風が吹かぁ」と宵越しの銭を使うのを野暮としたのである。

これを「やせ我慢」とするならたしかにそうだろう。だが、哲学者の故・九鬼《くき》周造氏は著書『「いき」の構造』において、「いき」（粋）を日本独自の美意識と位置づけている。すなわち、やせ我慢を美意識にまで昇華させたところに、当時の江戸っ子の精神性の高さがうかがえるのである。

ひるがえって現代社会はどうだろうか。

やせ我慢は美徳ではなく、欲求に忠実であることを「人間らしく生きる」と言って肯定的に評価する。だが、欲求を律することのない生き方は動物と同じで、美意識と無縁のものではないだろうか。「宵越しの銭は使わない」と言ってやせ我慢した江戸っ子こそ、**本当は人間らしく生きていた**ような気が、私はするのである。

日陰《ひかげ》の豆も時がくればはぜる

努力の達人――「努力は報われる」と考えれば、必ず報われる

努力が報われないとしたら、理由は二つしかない。

あきらめたか、ほかに目移りしたか――。

どちらも「あせり」によるものであり、結果を待ちきれないがための挫折である。

「だから辛抱せよ」

とさとすのが、《日陰の豆も時がくればはぜる》ということわざだ。

「はぜる」は「爆ぜる」と書き、「満ちて勢いよく裂ける」という意味で、「日の当たらないところで育った豆でも、日数がたって適当な時期がくると自然にさやが割れてはじけ出る」ということから転じて、

「男女ともに、時がくれば自然に色恋に目覚めるもので、オクテだからと言って心配しなくても良い」

というのが本来のさとしだ。

だが、このことわざの解釈をさらに深く踏み込めば、「人生も同様で、ある時期がくれば必ず一人前になる」と読み解くことができる。

すなわち、たとえ努力が報われず、三十半ばを過ぎて不遇であろうとも、**あせらず、辛抱強く努力を続けていれば、やがて日の目を見る時がくる**――という意味である。

ちなみに、このことわざに言う豆は大豆《だいず》のことだ。七月初旬に種をまき、十一月中旬に収穫となるが、このとき葉を振るった大豆を根元から切り取って日光と通風で乾燥させ、細い棒で叩くと、さやが割れてなかから大豆が飛び出てくる。

これが、「はぜる」だ。

大豆は、さやから取り出した状態で売られるため、はぜてくれなければ出荷できないことになるが、すべての大豆が同時にはぜるわけではない。日陰で育った大豆は生長が遅いことから、はぜないものもある。

どうするか。

何もしない。

「今にはぜるさ」

と、農家の人は鷹揚《おうよう》に笑っている。

なぜなら大豆は、さやに〝いみり〟（小さな割れ目）が入っているため、太陽の熱でいみりが次第に大きくなっていって、ついには、

――ピシピシピシ、パンッ！

という音とともに中の豆が飛び出してくることを知っているからである。つまり、早いか遅いかの違いだけで、いずれはどの大豆も見事にはぜるということなのである。

人生から「あせり」を追放する法

若くして世に出る人間もいれば、四十代を迎えてなお、くすぶっている人もいる。それは**能力の差でも、運の差でもない**。大豆と同様、はぜるまでの**期間に差があるに過ぎない**のだ。自分を信じて、はぜるときを楽しみに待とう。

鯉《こい》の滝登《たきのぼ》り

端午の節句——鯉のぼりが「登竜門」をくぐると龍になる

なぜ、五月五日の「端午《たんご》の節句」に「鯉のぼり」を上げるか、理由を知っているだろうか。

《鯉の滝登り》——すなわち立身出世の故事にちなんでのことで、中国・宋《そう》代の百科事典『太平御覧《たいへいぎょらん》』には、次のように記されている。

「黄河の急流にある竜門という滝を登ろうと、川や海の大魚が数千匹もこの竜門の下に群がってくるが、登りきれるものはない。もし登りきれたならば、その魚は変じて龍となる」

竜門を登りきった魚が鯉であり、鯉は龍となって天に昇る。龍は中国の伝説上の神獣で、古来、神秘的な存在とされ、皇帝のシンボルとして扱われてきた。この故事から「登竜門」という言葉が生まれ、立身出世のための関門や選抜試験のたとえとして使われるようになる。

ちなみに竜門という場所は実在する。実際にそこを鯉が登ったかどうかはともかく、現在の中国の山西省《さんせいしょう》と陝西省《せんせいしょう》のあいだにあって、古代、治水に功績を上げた夏《か》王朝の始祖・禹《う》が切り開いたところとされる。

では、なぜ鯉だけが竜門を登りきれたのだろうか。

鯉は別名「六六魚《りくりくぎょ》」と呼ばれるように、鱗《うろこ》が一列に六枚、それが六列で六×六＝三十六枚前後ある。一方、龍の鱗は九枚×九列＝八十一枚あるとされる。

これを易学《えきがく》的に解釈すると、鯉の「六」は陰の数で、龍の「九」は陽の数、「三十六」という数字は「万物を成長させる」という意味があることから、《鯉の滝登り》ということわざは、「**六六（鯉）変じて九九（龍）となる**」とも言い換えられるのである。

また鯉は、昔から滋養強壮の特効食、あるいは病人食として重宝されてきたことから、鯉の生命力の強さをもってすれば、竜門を登れたにちがいないと、古代の中国人は考えたのかもしれない。

ちなみに鯉を食するのは中国や日本に限らず、中欧や東欧でも古くから食材として用いられている。ことにスラヴ人にとっては「聖なる食材」とも言われ、ポーランドやチェコ、スロヴァキアなど西スラヴ人の定住した地域ではクリスマス・イヴの夕食に欠かせないものとなっている。

さて、「端午の節句」と「鯉のぼり」の関係である。

鯉のぼりが登場するのは江戸時代に入ってからだ。前述のように《鯉の滝登り》の故事から、**子供の立身出世を願って上げられるようになった**ものだが、じつは町人のアイデアだった。

端午の節句は、奈良・平安時代に中国から伝わった厄除けの風習で、軒にショウブやヨモギを挿《さ》し、ちまきや柏餅を食べて邪気を払っていた。

やがて鎌倉時代の武家社会になると、「ショウブ」と「尚武《しょうぶ》」（武道・武勇を重んじること）を掛け、武家のあいだでこの日を大切にする気風が生まれた。さらに江戸時代になって幕府の重要な式日となる。端午――旧暦五月五日は、大名・旗本が江戸城に出仕し、七歳以下の子供のいる武家では、のぼりを立て、吹き流しを上げた。

吹き流しは青・赤・黄・白・黒の五色になっているが、これは中国の五行説に由来し、邪気を払う霊力があるとされている。

だが吹き流しを上げるのは武家だけの特権で、我が子のすこやかな成長と立身出世を願う親の気持ちは武士も町人も同じでありながら、町人にはそれが許されなかった。そこで、「じゃ、〝鯉の滝登り〟はどうだ」と言い出した知恵者がいて、鯉のぼりを上げるようになったというわけである。

そして明治時代に入り、身分制度の廃止によって武士・町人の区別なく、鯉のぼりはどの家庭でも上げられるようになっていく。文部省唱歌『鯉のぼり』の三番は「百《もも》瀬《せ》の瀧《たき》を登りなば　忽《たちま》ち龍になりぬべき」という歌詞になっているが、これは《鯉の滝登り》の故事にちなんだものなのである。

近年、鯉のぼりは田舎に行かなければ見られなくなった。なるほどマンション暮らしでは鯉のぼりを上げるのはむずかしいだろう。だが、鯉のぼりを見かけなくなった理由は、はたしてそれだけだろうか。

親の子を思う心は、勉強しろと尻を叩くことだけではあるまい。育ち盛りの子供を持つ年代になった今、《鯉の滝登り》という故事を振り返り、**親の愛情について考えてみたい**ものだ。

有《あ》る時の米の飯

どこに行っても「お天道様」だけはついてきてくれる

調子に乗って散財していると、いざというときに困るぞ——と戒めるのが《有る時の米の飯》ということわざである。「後先のことは考えず、余裕があるときには贅沢してしまうこと」という意味で、**何事も計画性が大事**だと説く。

出典は『砺波《となみ》民俗語彙《ごい》』。富山県砺波地方の方言集だが、同じ意味のことわざが鹿児島県にもあることから、一地方に限らず、全国的に用いられていたことがわかる。

鹿児島県では《有《あ》っ時《とき》ん、米《こめ》ん飯《めし》》と言い、「米があるときは無計画に米の飯だけを食べて、なくなれば麦や粟だけ、という生活をしてはいけない。何事も、あるうちからきちんと計画を立てて節約しなさい」と、さとすわけだ。

日本で稲作が始まったのは三千五百年前——縄文時代後期とされる。大和時代から江戸時代初期まで、米を食するのは貴族や豪族、権力者に限られていた。庶民が米を口にできるようになるのは江戸時代中期、八代将軍・徳川吉宗《よしむね》の「享保《きょうほう》の改革」によって収穫量が飛躍的に伸びた以後のことだ。

享保の改革とは、財政の安定を主眼とした幕政改革で、綱紀の粛正や質素倹約の励行などと並んで新田の開発、新作物栽培の奨励といった政策が実施された。《有る時の米の飯》ということわざは、こうした時代背景のなかで生まれたのである。

ちなみに「飯《めし》」の語源は動詞の「召す」で、「召し上がるもの」という意味からきた。中世までは「イヒ」、室町時代に入って「メシ」となり、近世末期に「御」をつけて「ゴハン」になるなど、時代とともに丁寧な言い方になってきた。

私たちは食事のときに「いただきます」と唱えるが、この「いただく」は「もらう」ではなく、「敬意を表して高くささげる」という意味だ。食べ物に感謝する国は世界にたくさんあるが、**「敬意」を表するのは日本だけの美徳**なのである。

余談ながら、江戸では玄米を精製して白米を食べるようになったことから、脚気《かっけ》が急増し、「江戸患《わずら》い」と呼ばれるようになる。ビタミンB1の不足が原因だが、当時はそんなことはもちろんわからず、年季があけて田舎に帰ると脚気が治ったことから、江戸特有の病《やまい》とされたのだった。

さて、興味深いのは、同じことわざでありながら、正反対の意味に解釈する地方があることだ。青森県むつ市にも砺波や鹿児島と同じ《有る時の米の飯》ということわざがあるが、その意味は「**うまいものがあるときは、腹いっぱい食え**」というもの。

毎日に「余裕が生まれる」法

花のお江戸はともかく、昔は白米のご飯が食卓にのぼるのは、正月など数えるくらいであった。このことから、うまいものがあるときくらいは腹いっぱい食べておけ――というわけで、まさに正反対の意味なのである。

どちらの解釈も一理ある。将来に備えることも大事だし、余裕があるときの贅沢が人生を豊かにすることも確かだ。いくら将来に備えるためとはいえ、爪に火を灯すような人生が楽しいとは思えない一方、食うや食わずの老後もまた、幸せとは言えまい。

だから「どっちの解釈が正しいか」ではなく、「どっちの解釈を取るか」という人生観の問題になるだろう。

私は、仏教的な考え方をもとに後者を取る。仏法では、人生とは未来も過去もなく、「今」という刹那《せつな》が延々と続く状態とする。人生を〝刹那の集合体〟とするなら、今日という日を存分に楽しんでこそ、充実と幸せの人生ということになる。

そんな考えから、私はむつ市に伝わる解釈のごとく、「うまいものがあるときは、腹いっぱい食え」を支持するというわけである。

「だけど、この先、困ったらどうするんだ」

という反論は、当然ながらあるだろう。

ことに先行き不透明な現代にあっては、老後資金は四十代から溜めよと言われる。〝むつ市流〟の《有る時の米の飯》では悲惨な老後になるかもしれない。

だが、こうした反論には、《**米の飯と天道様《てんとう》は何処《どこ》へ行ってもついて回る**》ということわざで答えたい。半生を振り返ってみれば、曲折の人生であってもなんとかこうして生きている。だから、これからもなんとかなるだろう。

将来の備えも大事だが、一方で、「明日はもっと良くなる」という楽観も人生には必要であるということを、私はこのことわざから読み取るのである。

正直の頭《こうべ》に神宿《かみやど》る

「人生街道、大手を振って歩く」生き方

ウソさえつかなければ、生きることはもっと楽になる。

「正直者」という言葉から、あなたはどんなタイプの人間を思い描くだろうか。

人格者ではあるものの、要領が悪くて世渡りが下手。貧乏くじを引かされながらも他人を疑うことを知らず、いつもニコニコと笑みを浮かべている人――これが一般的にいだく正直者のイメージではないだろうか。要するに、正直であるがために金儲けや出世に縁遠く、「いい人」で一生を終わるということになる。

だが古来、先人は、**正直者は金銭に恵まれて幸福な生涯を送る**、と教える。

たとえば、誰もが知る昔話『花咲かじいさん』がそうだ。裏の畑で「ここ掘れワンワン」とポチが鳴き、〝正直じいさん〟が掘ってみたなら大判小判がザックザク。それを見ていた〝いじわるじいさん〟が、「じゃ、わしも」とポチを借り、ワンと吠え

た場所を掘ってみたら、瓦や欠けた瀬戸物がガーラガラ……。

この後も物語は続くが、要するに「正直に暮らしていれば、いいことがある」と教えるのである。

『花咲かじいさん』の成立は江戸初期とされるが、それより古く室町前期に書かれた『曾我《そが》物語』には、「神明《しんめい》はしやうぢきのかうべにやどりたまふ事なれば、さだめて天の加護もあるべからず」というくだりがある。

『曾我物語』は、仇討《あだう》ちを題材にした軍記もので、「神明」は神祇《じんぎ》（天の神と地の神）、「加護」は神仏がその力によって人間を守り助けることを言う。ここから《正直の頭に神宿る》ということわざが生まれる。

このことわざは、「正直な人には、いつか必ず神様の助けがある」と、**道徳的な意味よりも現世利益を説いている**ところが興味深い。正直者は貧乏くじを引かされるどころか、神の助けを得て、〝花咲かじいさん〟のごとく大判小判がザックザクになるというわけである。

「正直」が「利益」につながるとする考え方は、江戸初期に至って〝商道徳〟に持ち込まれる。徳川家康直参の三河武士で、四十を過ぎて出家した鈴木正三《しょうさん》は、商人たちにこう説いている。

「商人は正直に徹して商いをすることだ。そうすれば**神明のご加護があり、客も取引を喜び、商売は繁盛する**」

さらに江戸中期になって、思想家・石田梅岩《ばいがん》は商人たちに対して、「勤勉、誠実、正直であれ」と説く。儲け主義の商売を続けていたら結局、自分の首を絞めることになるぞ、というわけで、正直な商いこそが発展につながるとした。ちなみに梅岩の「正直であれ」とする思想は石門心学と呼ばれ、農村部にまで普及する。

では、なぜ正直の頭に神が宿るのだろうか。

このことわざの一方で、「正直にばかり生きていると、いつも他人に出し抜かれてしまう」という意味から《正直者は馬鹿を見る》という慣用句もある。この相反する二つをどうとらえたらいいのか。

私はこう考える。

「正直とは信用であり、この信用こそが財産を生む。だから正直であることの結果として〝花咲かじいさん〟になる」

というわけだ。

だが、信用を築いていくというのは至難のワザだ。しかも、ほんのちょっとしたことで、営々と積み上げた信用は一瞬にして崩れてしまう。崩れるだけならまだしも、信用を積み上げてきた分だけ、反動は何倍にもなって返ってくる。

となれば、「そんなリスキーで、まどろっこしいことなどしないで、うまく立ちまわればいいではないか」という考えも当然出てくるだろう。だが、この考え方は「正直＝信用」という生き方ができない人の自己弁護であり、言い訳として《正直者は馬鹿を見る》という慣用句が生まれたものと私は考えるのである。

日本がバブル経済に浮かれた時代、要領よく立ち回った人間が富を手にし、我が世の春を謳歌《おうか》した。まさに、正直者が馬鹿を見る時代であったかに見えた。だが、要領よく立ち回ったはずの彼らは、バブル崩壊とともに奈落の底へ転がり落ちた。莫大な負債を背負った人もいれば、司直の手に落ちた人、社会の糾弾を浴びた人もいる。まさに、泡とはじけて消え去ったのである。

金儲けに目の色など変えなくても、真っ正直に生きていれば、米の飯と天道様はついて回る。**世間から後ろ指をさされることなく、人生街道を大手を振って歩く**ことさえできれば、それで人生は十分に幸せではないだろうか。

蝸牛角上《かぎゅうかくじょう》の争い

ときに「宇宙の東西南北」から自分を見てみる

人生が〝箱庭〟のように見えるときがないだろうか。

上司との軋轢《あつれき》、同僚との確執、指示に従わぬ部下、あるいは居酒屋や駅のホームでいざこざを起こしたり、妻とささいなことで口論したり……。三十五歳を過ぎ、全力で駆ける日々にふと立ち止まって、自分の人生を俯瞰《ふかん》して見ると、愚かなことに神経をすり減らし、狭い箱庭のなかで右往左往する自分の姿が見えてくる。

人生は長いようで短い。**ささいなこと、愚かなこと、取るに足らないことにかまっている時間はない**——と教えるのが《蝸牛角上の争い》ということわざである。

「蝸牛」とはカタツムリ、「角」はツノのことだ。カタツムリの二本のツノの動きにたとえて「ちっぽけな者同士の争い」を意味し、さらに転じて「人間も同様に愚かなことで争っている」と愚かさを説いている。

このことわざは、中国・唐代の詩人・白居易《はくきょい》が詠んだ詩の一節「蝸牛角上何事をか争う」から取ったもので、思想書『荘子《そうじ》』にある次のような寓話をもとにしている。紀元前四世紀、中国・戦国時代のこと。魏《ぎ》の恵王《けいおう》が斉《せい》の威王《いおう》と盟約したが、威王がこれを破ったため、怒った恵王が刺客を送ろうとした。刺客が成功しても失敗しても両国は戦争になり、多くの死傷者を出す。宰相の恵子《けいし》はそれをうれい、阻止するため賢者の聞こえ高い戴晋人《たいしんじん》を恵王に引き会わせるのだ。

賢者は恵王に向かって語りはじめる。

戴晋人「王様、カタツムリはご存じでいらっしゃいましょうな」

恵　王「当たり前だ」

戴晋人「ならば、こんな話はいかがですかな。カタツムリの左のツノに触氏の国、右のツノには蛮氏の国がありましてな。お互いが領土を争って戦争を始めたのでございます。犠牲者は数万人。残敵を十五日間にもわたって追いかけた末、ようやく引き上げたそうです」

恵　王「バカバカしい。つくり話ではないか」

戴晋人「さよう。では、現実の話に戻しましょう。王様は、宇宙の東西南北と上下に際限があると思われますかな？」

恵　王「無限だろうな」

戴晋人「ならば、無限の宇宙から見おろせば、私どもが行き来している国など、取るに足らないものではありませんかな？」

恵　王「それはそうだ」

戴晋人「この国々のなかに魏という国があり、魏のなかに梁《りょう》という都があり、さらに梁のなかに、王様はいらっしゃいます。**この大宇宙からすれば、王様と、カタツムリのツノに国を構える触氏、蛮氏と何の違いがありましょう**」

恵　王「たしかに……」

かくして恵王は、刺客を送り込むことを思いとどまったのである。

悩みが「ささいなことに思えてくる」法

この寓話を書いた荘子《そうし》は、中国・戦国時代の宋《そう》の国（現、河南省）に生まれた思想家で、道教の始祖の一人とされる。道教は、儒教・仏教とともに中国の三教と呼ばれ、人間は無理をしないで自然のままに暮らすことが大事であると説く。

荘子の思想からすれば、一国の存在など、カタツムリのツノの先にちょこんと乗っかった目のようなものに見えるのだろう。まして戦争など、その〝目同士〟が争うようなもので、これ以上の愚かなものはないということになる。

ちなみに、この寓話を詩にした白居易は、「蝸牛角上何事をか争う」に続けて「石火光中此《かこうちゅうこ》の身を寄す」と詠む。「石火光」は、火打ち石を打ち合わせたときに出る火花のことで、

「人生は石火光のごとく極めて短いものだから、世俗のことに一喜一憂することなく、それぞれの境遇において人生を楽しむべし」

と説くのである。

人間関係が思いどおりにならないときは、人生を〝箱庭〟に見立ててみると良い。狭い箱庭のなかで神経をすり減らし、右往左往する自分の姿の愚かさに、**たいていの悩みも苦しみも、ささいなことに思えてくる**ことだろう。

人間万事塞翁が馬《じんかんばんじさいおううま》

不幸は「幸運の種」と思えるか、どうか

幸せに人生を送れる人には、共通項がある。

幸運に恵まれて有頂天にならず、不運に見舞われて絶望せず——すなわち、どんな事態に直面しようとも一喜一憂しないことだ。無感動とはちがう。幸運は不幸を種とし、不幸は幸運を種とすることを知っているため、有頂天になること、絶望することの愚かさを戒めているのだ。

「だから、**わざわいを悲しむにはおよばず、幸せも喜ぶには当たらない**」

と教えるのが、《人間万事塞翁が馬》ということわざである。

「人間《じんかん》」とは日本で言う人間《にんげん》のことではなく「世間《せけん》」のことで、「塞翁」は城塞に住んでいる翁《おきな》（老人）、「塞翁が馬」は翁の所有する馬という意味から、「城塞に住む老人の馬がもたらした運命は、わざわいを転じて福とし、福を転じてわざわいとなして

いる。禍福というのは、まったく予測ができないものだ」となる。

出典は中国の思想書『淮南子《えなんじ》』巻十八「人間訓《じんかんくん》」で、次のような故事による。

昔、中国北方の砦《とりで》に、占いを得意とする老人が住んでいた。ある日、老人が飼っていた馬が、胡《こ》に向かって逃げ出してしまった。胡というのは国境を接する異民族の国で、ここへ逃げられたのでは連れ戻しに行くことはできない。

「良馬だったので、高く売れただろうに」

と、近所の人々が気の毒がって老人をなぐさめた。

ところが老人は落胆するでもなく、

「**そのうち、いいことがあるさ**」

と平然と言った。占いを得意とする老人の言葉だけに、人々は半信半疑だったろう。

ところが数カ月後――。なんと逃げた馬が胡の国から素晴らしい馬を連れて帰ってきたのである。これには人々も驚いて、

「なるほど、塞翁の言うとおりになった」

と口々に感心したところが、老人は喜ぶでもなく、

「なあに、これはわざわいのもとになるだろう」

と、これまた平然と言ったのだった。

事実、まもなくそうなった。老人の息子が、胡から連れ帰った馬に乗って遊んでいたところ、落馬して足を折ってしまったのである。

さすがに老人も落胆していると思いきや、

「これは幸いのもとになるだろう」

と、お見舞いにきた人々に言ったのである。

これは誰が見ても、明らかに〝不幸な事故〟ではないか。老人の強がりだと、人々は密かに笑ったことだろう。

そして一年後。隣国の胡と戦争になり、若者たちのほとんどが戦死したが、老人の息子は足を骨折しているため兵役をまぬがれ、命が助かったのである。

『淮南子』の故事はここで終わっているが、老人の人生は、さらに禍福が絡み合い、種となり果実となりつつ、幸不幸を繰り返していくことだろう。

喜んで有頂天にならず、落ち込んで絶望せず。人生の要諦である。

人の噂も七十五日《しちじゅうごにち》

カチンとくることを「さらりと聞き流す」法

人生の達人は「聞き流す達人」でもある。

自分のことで悪い噂を耳にしたら、その日から数えて**二カ月と二週間先――カレンダーの七十五日目に印をつけておく**。実際にやってみればわかるが、そのころになると、どんな噂もほとんど聞かなくなっていることに気づくだろう。

《人の噂も七十五日》ということわざは、「世間で人があれこれ噂をするのも一時的なもので、しばらくすると自然に消えてしまう」という意味である。

本来、噂には「悪評」と「好評」の両方があるのだが、世間は他人の悪口が大好きだから、噂と言えば圧倒的に悪評が多い。自分のことを悪く言われれば、誰しも反論したくなるが、ムキになって反論したり否定したりすると〝火に油〟になって逆効果。「だから噂なんか聞き流しなさい」と、このことわざはさとすのである。

聞き流す――という知恵はずいぶん古くからある。今から七百年前、十四世紀前半に書かれた『源平盛衰記』に「人の上は百日こそ申すなれ」という記述が見られる。「人の身に起こった出来事など、百日もあれば忘れられてしまうものだ」と、諸行無常について説いているのだが、さらに一歩踏み込んで読み解けば、

「世間の評判や記憶は移ろいやすいものだから、そんなものに一喜一憂するのは愚かなことだ」

ということになるだろう。

「七十五日」という数字が出てくるのは江戸時代になってからだ。天保四（一八三三）年、恋争いと和解とを描いた人情本『春色辰巳園《しゅんしょくたつみのその》』のなかに《人の噂も七十五日、過ぎた昔は兎《と》も角も……》という記述が見られることから、たぶんこれが「七十五日」の根拠になっているのだろう。

では、なぜ人の噂は「七十五日」なのだろうか。

諸説あるが、次の二つが有力とされる。一つは「畑仕事」説。昔は、種まきから収穫まで七十五日を畑仕事の区切りとした。このことから「人の噂も畑仕事が終わるころには忘れるだろう」ということから「七十五日」になったという説だ。

もう一つは、「二十四節気《にじゅうしせっき》」説。二十四節気とは、春夏秋冬の四季をさらに二十四の季節に細かく分けたもので、たとえば春分、立冬、大寒、啓蟄《けいちつ》など生活の〝季語〟としてよく知られているが、一節気がほぼ十五日であることから、「五節気（七十五日）もたてば、人の噂も忘れてしまっている」と言われるようになったというものだ。

人の視線が「気にならなくなる」法

お隣の韓国でも、三カ月ごとの季節の移ろいから「人の噂は九十日」と言い習わしている。また、季節とは関係ないが、英語のことわざには「世間の噂も七日間」というのがある。

すなわち洋の東西を問わず、「**噂は遠からず忘れられるものだから気に病むな**」とことわざにさとすのである。

へそが茶を沸かす

「茶を沸かす」が「茶化す（バカにする）」の意味になった訳

妙なことわざである。

日常会話でごく当たり前に用いているが、考えてみれば「へそ」と「茶」は何の関係もないのだ。まして、どこをどうすれば、へそが茶を沸かすというのか。

「バカバカしくて話にならない」と思ったとすれば、このことわざはその〝使命〟を果たしたことになる。《へそが茶を沸かす》とは「あまりにおかしくて笑わずにいられないこと。バカバカしくて仕方がないこと」という意味のたとえであるからだ。

故事やことわざは人生訓を説くものだが、そのことから考えると、いささか毛色が変わっているということになる。深読みすれば、このことわざに人生の何を読み取るかは、人それぞれにおまかせ、ということでもあるだろう。

出典は江戸後期の浄瑠璃『糸桜本町育《いとざくらほんちょうそだち》』とされる。浄瑠璃とは、三味線を伴奏にして登場人物のセリフや仕草の描写を交えながら物語を語るものだ。ちなみに伝統芸能として知られる文楽は人形を用いることから人形浄瑠璃と呼ばれる。

『糸桜本町育』は糸屋の姉妹——姉のお房と妹の小糸、そして姉の許嫁《いいなずけ》をめぐる物語で、姉の許嫁は曲折を経て妹と結ばれることになるのだが、ここで語られるのが、「意見するもあんまり阿呆《あほ》らしいて、呆《あき》れが舞うて、臍《へそ》がをかしがつて茶を沸かす」というセリフである。

「茶を沸かす」は、「茶化《ちゃか》す」（バカにする）が転じたもので、バカバカしさを強調するため、何の関係もないへそまでがいっしょになって茶化している——というわけだ。

本町（現、日本橋）は老舗や豪商が軒を並べる江戸の目抜き通り。大店《おおだな》の糸屋を舞台にした美人姉妹の三角関係とあって、『糸桜本町育』は大当たりを取った。「糸桜」はしだれ桜の別称で、艶っぽくもあり、またはかなくも美しく散る桜のイメージが物語を印象づけている。

ちなみに《へそが茶を沸かす》の由来は、『糸桜本町育』を出典とするほか、一、湯が沸騰したときに、やかんや茶釜の蓋《ふた》がカタカタ動く様子と、大笑いして腹

　がよじれたときのへその動きとを掛けた。
二、大笑いしたときに揺れ動くへその様子を、グラグラと沸き立つお湯にたとえた。

といった説もあるが、どちらもこじつけの域を出ず、前述のように「茶化す」が転じたものと考えるのが妥当のようだ。

ただし、「へそが茶化す」ではなく「へそを茶化す」というのが正解。今でこそ〝へそ出し〟は若い女性のファッションになっているが、江戸時代は他人にへそを見せるのはみっともないことで、風呂以外でうっかりへそをのぞかせようものなら、

「あの野郎、へそを見せやがった」

と失笑された。

「茶化す」はバカにすることの意味であることから、バカバカしいことや非常識なことをして失笑されることを「へそを茶化す」と言ったのである。そしてさらに「茶化す」が転じて「茶を沸かす」になっていくのだ。

余談になるが、へそは摩訶不思議な存在で、日本では茶を沸かすが、中国では占いの対象となっている。臍相学《さいそうがく》というのがそれで、へその形状で運気を占うのだ。要するに〝へそ相〟というやつで、たとえば盛運を表わす理想的なへそは「丸く、大きく、

縦長で、深く、上を向いたもの」ということだそうだ。

真偽のほどは私にはわからないが、人間は母親のお腹にいるとき、へその緒《お》を通じて栄養素や酸素を取り入れ、この世に誕生してくる。だからへそを生命の原点としてとらえ、その形状から人生を占うという考えが出てくるのは、あるいは自然な発想なのかもしれない。

〝へそ相〟はともかくとして、胎児のときは生存するために不可欠であったへそは、生まれ出てしまえば不要の器官になる。何の役にも立たない。退化して自然消滅していくべきものが、何ゆえ生涯にわたって存在しつづけるのだろうか。このことに思いをめぐらすと、母性愛というものに行き着く。

自分は勝手に生まれ出たのではなく、母親が胎内で十月十日をかけて育《はぐく》み、この世に送り出してくれるのだ。その証《あかし》がへそであり、**まさに母親との絆《きずな》の証として、へそは存在する**のではないだろうか。

自分のへそを見て生命の不思議に思いをはせ、母親の愛情に感謝し、その愛情を次世代に注いでいくという崇高な営みの象徴として、私は自分のへそを見る。へそは〝お茶〟だけではなく、心をも熱く沸騰させてくれるのだ。

案じるより団子汁《だんごじる》

人生で「怖いことがほぼなくなる」一行

不安をいなすことができれば、人生で怖いことは、ほぼなくなる。

未経験のこと、自信のないこと、あるいは〝ここ一番〟に臨むとき、誰しも不安に押しつぶされそうになる。結婚式でのスピーチから、大勢を前にした挨拶や講演、将来を左右する試験や商談、さらに老後のことなど、「**人生は〝不安〟と二人三脚**」と言ってもいいだろう。

人は不安におそわれたとき、次の三タイプに分かれる。「そんなことでどうする！」とひるむ気持ちを叱咤《しった》する人、「私ならできる」と自分を鼓舞する人、そして成功したときのことを思い描いて不安を鎮めるポジティブシンキングの人である。

だが、残念ながらどれもうまくいかない。不安はおさまるどころか、ますます大きくなって押しつぶされそうになってしまう。なぜかと言えば、不安を押さえ込み、克服しようとするからだ。

ところが精神は、無意識にバランスを取ろうとして、「押さえ込み」に対して反発が起きる。不安という敵を押さえ込もうとすればするほど、作用・反作用によって不安もまた大きくなっていくというわけである。

だから、不安をいだきそうになったときは、叱咤もしなければ鼓舞もしない。ポジティブシンキングもしない。事に臨む準備をしっかりしたら、**後は何も考えない**。不安をまったく相手にしないのだ。相手にしないのだから作用・反作用の反発は起こらず、したがって不安は次第に小さくなっていくというわけである。

これを私は「不安のいなし」と呼んでいるが、江戸庶民はこれを《案じるより団子汁》ということわざで処世訓とした。

「心配してみたところでなるようにしかならないから、団子汁でも食べてのんきな気持ちになったほうが良い」

という意味で、「気をまぎらわせる」という〝いなしの処世訓〟を「団子汁を食べる」という表現で教えているのだ。

では、なぜ「団子汁」なのか。

じつは、このことわざは《**案ずるより産むが易し**》をもじったシャレで、「案じる」に「餡汁《あんじる》」を掛け、「団子汁」の「じる」と語呂合わせになっている。

こうした語呂合わせや有名な芝居のセリフなどをもじって楽しむ言葉遊びを「地口《じぐち》」と言い、滑稽《こっけい》な絵に地口を書き添え、行灯《あんどん》に仕立てたものが「地口行灯」で、江戸時代の享保《きょうほう》年間、庶民のあいだで大流行した。

不安をうまく「いなす」法

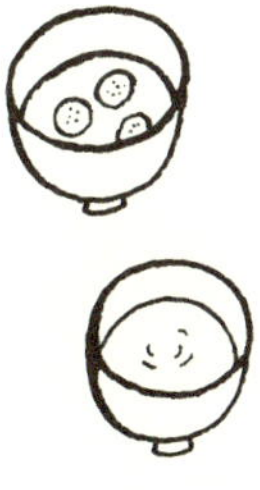

たとえば、両手にそれぞれカニとシャコを持った男を描き、「癇癪《かんしゃく》持ち」をもじって「かにしゃこもち」と書き添えたり、あぐらをかいた男が両手を伸ばしてあくびする滑稽な絵に「あくび千里」（悪事千里＝悪事千里を走る）と書き添えたりする。

そして、この地口行灯を、お祭りのときに夕暮れの参道や民家の軒先に灯して飾り、庶民は風情をも楽しんだのである。

《案じるより団子汁》は《案ずるより産むが易し》をもじったものであることから、このことわざが念頭に置く不安は「お産」である。

江戸時代のお産は「座産」と呼ばれる方法で、産婦は上半身を起こして天井から吊り下げた〝力綱〟につかまっていきみ、助産婦が取り上げた。

座位出産は、産婦にも胎児にも負担が少ない出産方法として現代でも行なわれているが、今とちがって大変なのは出産してからで、産婦は身体を横たえることが許されなかった。横になると頭に血がのぼるとの俗説があったからで、積み上げた布団に寄りかかるなどして、座ったまま七日七夜、あるいは二十一日を過ごすのだ。

江戸時代の女性にとってお産がこれほどの難事業であったことを思えば、ことに初産の女性が不安にかられるのは当然だったろう。

だから、周囲の人間は「なあに、案ずるより産むが易しじゃ」と言って産婦の不安をやわらげようとしたのである。前述のように、**不安の〝押さえ込み〟ではなく〝いなし〟**であるところに、人間の機微に通じた江戸庶民の知恵が見て取れる。

さらに、「案じる」を「団子汁」とシャレてみせれば、なるほど不安など、どこかへ吹き飛んでしまうことだろう。

犬も歩けば棒に当たる

あなたにとって「人生の棒」とは？

「ためらう者にチャンスなし」――。

チャレンジに足がすくみそうになると、私はいつもそう自分に言い聞かせ、勇気を奮い起こしてきた。うまくいけば良し、不幸にして失敗すれば、それは経験として将来に活かせる。だから**敢然と一歩を踏み出せるかどうか、豊かな人生はここで決まる**ということを経験で学んだ。

《犬も歩けば棒に当たる》ということわざは、「いろはカルタ」にあるもので、「じっとしていたのでは何も得るものはない。犬が歩けば棒に当たるように、積極的に行動していれば思いがけぬ幸運に恵まれることもある」

と、ポジティブな意味で私たちは日常的に用いているが、「いろはカルタ」がつくられた江戸時代は真反対の意味で使われた。

すなわち、

「犬がうろうろと歩き回っているとわけもなく棒で打たれるように、でしゃばったり、余計なことを言ったりしたりすると、足を引っ張られたり、何かと災難にあうぞ」

だから野心などいだかず、おとなしくしておけ――とネガティブなものだった。

このことは、当時の「いろはカルタ」の絵が、犬が人間に棒で打たれているものであることから一目瞭然なのだが、カルタの絵柄を子細に見ていくと、そうとも言いきれないのである。

たとえば、浮世絵師の喜多川歌麿《きたがわうたまろ》は「いろはカルタ」の絵も多く手がけているが、《犬も歩けば棒に当たる》の絵柄は、魚をくわえて逃げる犬を人間が怒って追いかけているものとなっている。

この絵を一見すると、ことわざは「棒で打たれる」という意味に取れるが、しかし視点を変えるなら、**犬はふらふら歩いているうちにラッキーにも魚を見つけ、これ幸いと失敬することができた**――とも解釈できるというわけだ。

どうやら〝犬棒〟のことわざについては、江戸時代から状況に応じて両方に解釈されてきたということのようで、勇気を出せと背中をポンと押し出してやるときは、

「**じっとしていてはだめだ。犬だって歩き回るから幸運に出合うんだ**」

とポジティブな解釈。

野心にまさり、スタンドプレーの多い人間を諫《いさ》めるときは、

「**おとなしくしていろ。犬だって、うろうろ歩き回るから棒で打たれるんだ**」

と、ネガティブに用いたようである。

では、なぜ「犬」が引き合いに出されたのか。それは、江戸の町はやたら犬が多かったからである。「江戸名物、伊勢屋、稲荷に犬の糞《くそ》」という江戸のはやり言葉にあるように、江戸の町を歩いていると、この三つがやたらと目についたという。

「伊勢屋」というのは伊勢（三重）出身の商家のことで、彼らの扱う木綿は当時は高級布地とされ、お得意は武士階級であることから競って江戸へ進出。出身地を屋号としたため、江戸中に「伊勢屋」の看板が立ち並ぶことになった。

ちなみに伊勢の木綿商（越後屋）から大成したのが三越百貨店（三井呉服店）、旧・三井銀行の創始者で、のち三井財閥の基礎を築いた三井高利《たかとし》である。

「稲荷」は、京都の稲荷大社を総本山とし、中世以降、開運の神様として全国的に広く信仰されるようになり、江戸中に朱色の鳥居や祠《ほこら》が建てられた。裏長屋にもあった

というから、どこへ行っても〝お稲荷さん〟が目についた。

また当時――それも、穏やかな世情が約三十年間続いた文化・文政年間は江戸の人口も多く、生活ゴミが大量に出たことから、それをエサとする野良犬が増えたため、往来や路地裏まで犬の糞が方々に転がっていた。

「江戸っ子はよぉ、野良犬にだってたくさん食べさせてやるんでぇ。糞が多いのは当たりめぇだろ」

と粋《いき》がったと伝えられている。

カルタの語源は、ポルトガル語の「Carta」に由来する。これを音写して「歌留多」や「加留多」という漢字が当てられたものだが、単なるゲームではなく、遊びのなかにことわざを取り入れ、教訓として昇華させたところに〝日本カルタ〟の素晴らしさがあると言えよう。遊びを通じて、人を豊かに育てていたのである。

かつて正月と言えば、家族や親戚が集まり、子供たちといっしょにカルタ遊びを楽しんだが、それは今や昔。カルタはテレビゲームに取って代わり、一家から団欒《だんらん》の場は消えつつある。このことは、カルタに読まれた教訓を子供たちに教える場もまた、なくなりつつあるということでもあるのだ。

壺中の天《こちゅうのてん》

心の浄化法――まず「目を閉じて壺を一つ思い浮かべる」

生きることに息苦しくなったとき、私は静かに目を閉じて一つの「壺」を思い浮かべる。壺は、大人の背丈の半分ほどの大きさで、このなかにポンと飛び込む自分の姿を空想しながら、

（壺中の天……、壺中の天……、壺中の天……）

と呪文のようにつぶやくと、**気持ちがスーッと楽になっていく**のだ。私にとって空想のこの壺は、まさに〝心の妙薬〟なのである。

《壺中の天》という言葉は、中国・後漢朝について書かれた歴史書『後漢書』のなかの「費長房伝《ひちょうぼうでん》」の故事を出典とし、仙境《せんきょう》のことを言う。仙境とは本来、仙人の住処《すみか》のことだが、俗界を離れた静かで清浄な場所の象徴としても用いられる。要するに《壺中の天》とは、理想郷とも言うべき別天地のことで、次のような故事による。

昔、中国の河南省に費長房という市場の役人がいた。ある日のこと、何気なく役所の窓から往来を眺めていると、薬売りの老人が、店じまいの後で、ぴょんと壺のなかに飛び込んだのだ。翌日も、そして、その翌日も……。老人は壺公《ここう》という名前で、彼の売っている薬を飲むと病気はたちまち治ると評判の薬売りだった。

（壺のなかに入って、いったい何をしているのか？）

気になった費長房は壺公を訪ね、壺のなかに入る理由を尋ねると、

「見られてしまいましたか。では、その理由をお教えしましょう。どうぞ、私といっしょに壺に入ってください」

と言って、壺公は費長房を伴って壺のなかに入った。するとどうだろう。壺のなかには輝くような立派な楼閣があり、従者も数十人が侍《はべ》っていたのである。

「さっ、どうぞ、遠慮なく」

唖然《あぜん》としている費長房に、壺公は酒肴を勧め、ご馳走を堪能した費長房は夢見心地で家に帰っていったのだった。これが「費長房伝」の故事だ。

もちろん壺のなかに別天地などあるわけがなく、身体を屈めて座《ここ》るような狭い壺のなかでさえ、**自分にとって別天地にもなれば理想郷にもなる**、という教えなのだ。

具体的に言えば、趣味であれ、信仰であれ、何であれ、自分だけの〝壺中〟を持つことによって、意に満たない俗生活や、生きることの苦しさから救われ、**生きる希望と活力がわいてくる**ということなのである。

このことから《壺中の天》の真意は、「日常生活のなかに、自分だけの別天地を持て」ということになる。だが、別天地を見つけ出すことは容易ではない。

「何でもいいから、好きなことをやれ」

と言われても、好きなことが何なのかさえ、わからないというのが現実だろう。

そんなときは、壺のなかにぴょんと飛び込む壺公と費長房の姿を思い描くと良い。

別天地で酒肴に興じる二人の姿を空想しつつ、《壺中の天》という教えを我が身に言い聞かせることによって、行き詰まりそうになる心は楽になるだろう。

自分だけの「理想郷」を持つ法

2章

悩まない

「人には添うてみよ、馬には乗ってみよ」「えせ侍《ざむらい》の刀いじり」

——人づき合いが楽になる故事・ことわざ

仏《ほとけ》千人《せんにん》神《かみ》千人《せんにん》

「貧乏神も神様のうち」と考えると金運が高まる

なぜ、自分だけが〝貧乏くじ〟を引かされるのか――。

こんな不満をいだく人は、この先も貧乏くじを引かされるにちがいない。なぜなら貧乏神は〝不平不満人間〟が大好きで、どっかりと居座るため、ますます苦しめられることになる。

反対に貧乏神は、「貧乏神も神のうち」とニコニコ笑顔で暮らしている人は大の苦手。早々に退散するため、**空いた席に〝福の神〟がやってくる**ことになる。

すなわち、今の境遇をどう考えるかによって、人生はガラリと変わってくるということだ。そして、人間社会における「境遇」の本質を対人関係とするなら、「人間観」によって、幸せにもなれば、不平不満のネガティブな人生にもなるのだ。

具体例をあげよう。

たとえば、あなたが知人に借金を申し込んで、けんもほろろに断られたとする。腹が立つ。知人が鬼に見えたりもする。

だが、断られたことによって、

(そうだ、人に甘えちゃいけないんだ)

と自分に言い聞かせ、発奮したとしたら、この知人は**鬼に見えて、本当は神仏**であったということになる。

逆に、「いいよ」と、二つ返事でお金を貸してくれたとしたらどうか。

地獄で神仏を見たような気持ちになるだろうが、このことによって依頼心が増長したなら、知人は**神仏に見えて、本当は鬼**であるということになるかもしれない。「人間観」とは、自分に対する相手の態度や行為をどう解釈するか、ということであり、解釈次第で相手は鬼にもなれば神仏にもなるというわけである。

《仏千人神千人》ということわざは、「世の中には悪人ばかりではなく、仏や神のような善人もたくさんいる」という意味だが、さらに深く読み解けば、

「神仏がそこに存在している」

というのではなく、

「目先の損得や好悪《こうお》にとらわれることなく、すべての人が自分を活かしてくれる糧《かて》になると考えたならば、この世に鬼はなく、人すべて神仏となる」

すなわち**鬼も神仏も、自分の心のなかに棲《す》んでいる**――という意味になる。だから、渡る世間に鬼を見るか神仏を見るかは、自分の「人間観」が決めるということなのである。

ところで、「神仏」と、ひとまとめにしているが、仏と神の違いをご存じだろうか。仏は「悟りを開いた聖者」のことで、仏陀《ぶっだ》とも言う。仏陀（Buddha）はサンスクリット語（梵語《ぼんご》）で「目覚めた人」「悟った者」などの意味だが、基本的には仏教を開いた釈迦のことをさす。

一方、神は、人間ワザを超越した畏怖すべき存在の総称で、天照大神《あまてらすおおみかみ》のような人格的な存在だけでなく、古代においてはトラやヘビなども神と称した。

仏教はインドから中国を経て伝わった外来宗教で、神道は日本土着の信仰だが、古代において両者は統合され、折衷した一つの信仰体系となった歴史がある。

これを「神仏習合」という。「仏の本地《ほんじ》（本来の姿）は神であり、神と仏は一体である」という思想にもとづき、すでに奈良時代から寺院に神が祀《まつ》られたり、神社に神宮寺が建てられたりした。

その神と仏が分離するのは明治維新直後、新政府が発した神仏分離令による。近代国家成立に際し、万世一系たる天皇の神聖化を目的として、明治政府は神道の国教化を図り、千年以上も続いてきた神仏習合の習慣を禁止。神道と仏教、神と仏、神社と寺院を明確に区別させたのである。

神仏分離令は仏教排斥を意図したものではなかったが、民衆は混乱し、過激な神道家の煽動《せんどう》によって廃仏毀釈《はいぶつきしゃく》運動が全国規模で起こる。各地の寺院や仏具が破壊され、神仏は文字どおり分離され、現代に至るというわけである。神も仏もあずかり知らぬことだろうが、両者にはそんな歴史があるのだ。

信仰の対象としてはさておき、神も仏も善人の代名詞として使われる。自分の力になってくれる人には心から感謝する一方、気が合わない人や足を引っ張る人、敵対する人であっても、反面教師として自分の前に現われてくれた神仏だと思えば、**この世に鬼は一人としていない**ことになる。

まさに《仏千人神千人》。渡る世間に鬼はないのだ。

えせ侍《ざむらい》の刀いじり

新撰組の「相手の器量を瞬時に見抜く法」

このことわざは、一説によると、新撰組副長・土方歳三《ひじかたとしぞう》の言葉とも言われる。

実力のない者が虚勢を張ることを表わす。「えせ」は「似非」と書き、「似て非なり」と読む。本物によく似た贋物《にせもの》のことで、**「臆病な武士に限って、人前でやたらと刀をいじり、強そうに見せかける」**という意味だ。

よく知られるように、浪士集団の新撰組は京の治安部隊として活躍するが、これをライバル視したのが、同じく京の治安を任務とする京都見廻組《みまわりぐみ》である。新撰組が京都守護職を務める会津藩主・松平容保《まつだいらかたもり》が預かる非正規部隊であるのに対して、京都見廻組は、旗本や御家人など幕臣で構成されるエリート部隊だ。

（田舎侍ごとき、何するものぞ）

と、見廻組が肩を怒らしたとしても当然だったろう。

会津藩屋敷で、近藤勇《いさみ》や土方ら新撰組の幹部と顔を合わせた見廻組の面々は、

「勤皇の連中など、拙者《せっしゃ》たちが一刀両断にしてくれよう」

と刀の柄《つか》に手をやったり、途中まで抜きかけた刀の鍔《つば》を鳴らして納刀してみたりと、威嚇にも似た高飛車な態度を取ったが、土方は名刀「兼定《かねさだ》」を脇に置いたまま、**平然と腕を組んで聞き流した**。そして、屋敷を辞した帰途、

「えせ侍の刀いじり」

と言って、土方は見廻組の立ち居振る舞いを嘲笑《ちょうしょう》したとされる。

新撰組局長・近藤勇の剣術道場「試衛館《しえいかん》」は天然理心流と言い、土方歳三や沖田総《そう》司《じ》らはその門弟である。

江戸時代という太平の世にあって、幕臣の剣術は実戦から離れ、気品とか華麗さを求めるようになっていた。だが、天然理心流は技より気組（気迫）を重視するのが特徴で、小技に頼らず、気力、気迫——すなわち「全身全霊をもって相手にぶつかっていけ」と教える。泥臭いが、きわめて実戦的な流儀であった。

近藤や土方ら新撰組の隊員は武士になることを宿願とし、その目的が果たせるかどうかは京での働きいかんによる。

すなわち彼らにとって剣術は〝習い事〟ではなく、太刀のひと振りに人生がかかっていたのである。背水の陣で任務に臨む土方は、見廻組の〝刀いじり〟を見て、遠からず京の治安は新撰組の手になるであろうことを確信したにちがいない。

エピソードの真偽はともかくとしても、修羅場に生きる土方歳三の、本質を見据える鋭い人物眼をもってすれば、見廻組の矜持《きょうじ》（プライド）を虚勢と断じ、嗤《わら》ったであろうことは容易に想像できる。事実、新撰組の獅子奮迅《ししふんじん》の活躍は、隊の駐屯地があった壬生《みぶ》をもじって「壬生狼《ろう》」と呼ばれ、恐れられたのである。

以上のことから、初対面で対峙するときは相手が〝刀〟をいじるかどうか——すなわち虚勢を張るかどうかを、まず注視する。そして自信たっぷり、自慢たっぷり、目上の人間や権威を引き合いに出すタイプは、例外なくハッタリ人間と決めつけて良い。

私の経験から言えば、**自分と比較して〝格違い〟の人間はそうはいない**もので、ほとんどが相手の虚勢を真に受け、みずから腰を引いているだけなのである。

気後れすれば相手の風下に立ち、相手を呑《の》んでかかれば風上に立つ。すなわち人間関係とは、両者の〝精神的な位置関係〟のことを言い、〝えせ侍〟は、だから先手を打って刀をいじってみせる。そんな仕草に騙《だま》されてはならないのだ。

人には添うてみよ、馬には乗ってみよ

「人の素質を的確に読む」名伯楽のコツ

人物評価の達人は「速断」をしない。

一見して気弱そうな人が実際は豪放磊落《らいらく》であったり、自信満々に見える人が小心者であったり、無責任な人間に見えて、これが意外に責任感が強かったりする。三十半ばも過ぎれば、そんな経験は誰しもあるだろう。

人間は防衛本能から知り合った当初は本性を隠し、組織や対人関係において「立ち位置」がわかってはじめて素顔を見せはじめるものだ。だから先人は、《人には添うてみよ、馬には乗ってみよ》と、**速断することを戒めた**のである。

では、なぜ「馬」が引き合いに出されたのだろうか。

それは、たとえば武田信玄の騎馬軍団がその名を天下に轟《とどろ》かせたごとく、馬は重要な武器の一つであると同時に、名馬を持つことが武将のステイタスであったからだ。

平清盛の愛馬は「望月《もちづき》」、源頼朝《よりとも》が「生食《いけずき》」と「磨墨《するすみ》」、加藤清正が「帝釈栗毛《たいしゃくくりげ》」で上杉謙信が「放生月毛《ほうしょうつきげ》」といったように、愛馬は武将の名とともに歴史に残っている。それほど武家にとって「馬」は重要なものだったのである。

だが、名馬を見抜くのは至難のワザなのだ。たとえば「濡《ぬ》れ馬千両」と言われるように、濡れた和紙を岩に貼りつけたような、しっとりとした肌を持つ馬が名馬とされるが、それを見抜くのは馬の鑑定人・仲買人である「博労《ばくろう》」でさえむずかしいとされる。まして素人が名馬を探すなど、不可能と言ってもいいだろう。

「博労」は「馬喰」とも書き、その語源は中国・戦国時代の馬の名鑑定人であった伯《はく》楽《らく》にある。スポーツ選手の才能を見いだし、一流に育て上げる指導者を「名伯楽」と称するが、もとをただせば、駿馬を見抜いた伯楽の名に由来する。その伯楽に、こんな故事がある。

秦《しん》の第九代皇帝である穆公《ぼくこう》が、伯楽が老齢になったため鑑定の秘訣を子供に伝えておくように命じた。

伯楽の鑑定眼は世評に高く、売れない馬であっても、伯楽が立ち止まって見ただけで〝名馬〟の評価となり、価格が十倍にも二十倍にも跳ね上がった。「世に伯楽あって、しかるがのちに千里の馬あり」とは、伯楽に見いだされてはじめて名馬になるという意味で、その鑑定眼は権威として存在した。

その鑑定眼を穆公は惜しんだ。伯楽が亡くなれば、自分のために駿馬を選ぶ人間がいなくなってしまう。だから鑑定の秘訣を子供に伝えておけ、と命じたわけである。

ところが、伯楽は静かに首を振って、

「馬を外見から見分けるのではなく、千里を駆ける名馬を見抜くとなれば、特殊な能力が必要です。私の子供にはその素質はないと思います」

そして、能力を備えた人物として、伯楽は九方皐《きゅうほうこう》を紹介する。伯楽の推薦する人物となれば馬の鑑定眼に狂いはあるまい、と穆公は喜び、さっそく九方皐に名馬を選ぶよう命じた。ところが、九方皐が見つけた馬は一見して駄馬であった。

「どういうことだ！」

穆公が激怒して詰問すると、九方皐は平然と、

「馬を観《み》ず、天機を観る」

と返事した。「天機」とは生まれつきの才能のことであり、すなわち、「**私は馬の筋骨など外観から判断するのではなく、素質を見てこの馬を選んだのです**」と九方皐は

言ったわけだ。やがて、この馬が千里を走る名馬であることがわかってくる。だが、馬を見抜く能力のない者は、馬に乗りつづけてみなければ、駄馬か名馬か判断はできない。人物を見抜くのは、馬を判別する以上にむずかしい。

「相手の才能」を瞬時に見抜く法

人間は演出によって、礼儀正しい人間にもなれば、粗暴な人間にもなる。肩書きや出自など〝外見〟によっても相手の判断は変わってくる。社会で生きていくために、**人格という裸の上に二重にも三重にも演出のマントを羽織っている**のが私たちなのだ。

だから、人物評価を速断してはならない。〝伯楽の鑑定眼〟を持たない私たちは、相手とつき合ってみて、相手の人格がハッキリと見えてくるまでは、軽はずみな人物評をけっして口にしてはならない。ひとたび言葉に発してしまえば、もはや取り消しは不可能になってしまうからだ。

太鼓も撥《ばち》の当たりよう

「西郷は鐘、龍馬は鐘をつく木」――人物眼の養い方

「西郷というやつは、わからぬやつでした」

と、勝海舟に報告したのは、かの坂本龍馬である。

「釣り鐘にたとえると、小さく叩けば小さく響き、大きく叩けば大きく響く。もし、バカなら大きなバカで、利口なら大きな利口だろうと思います。ただ、その鐘をつく撞木《しゅもく》が小さかったのが残念でした」

元治《げんじ》元（一八六四）年八月、勝海舟に紹介され、龍馬が西郷隆盛と会ったときの感想である。西郷を「釣り鐘」に、自分を「撞木」（鐘を叩く棒）にたとえて評してみせるところは、さすが人物眼の備わった龍馬であろう。

一方、勝海舟も、

「評される人も評される人、評する人も評する人」

と感じ入ったというから、これもまた人物である。龍馬が三十歳で、西郷三十七歳、海舟四十一歳のときだった。

ちなみに同年六月五日、京で池田屋事件が起こっている。旅館池田屋に潜伏していた長州藩・土佐藩などの尊皇攘夷派を新撰組が急襲。これによって新撰組の名は天下に轟《とどろ》き、尊攘派は実力者たちを多数失って大打撃を受ける。その二カ月後、時代がまさに風雲急を告げるさなかに龍馬と西郷は相まみえたのである。

さて、龍馬が承知していて「釣り鐘」という言葉を用いたかどうか不明だが、《太鼓も撥の当たりよう》ということわざがある。

「太鼓は撥で大きく叩けば大きく響き、小さく叩けば小さく響く」という意味から転じて「**相手の反応は、こちらの出方や接し方によってちがってくる**」と〝対人関係〟の要諦を教えたものだ。

笑顔で接すれば笑顔が返ってくるだろうし、詰問すれば相手は身構える。下手に出ればナメてかかり、地位を鼻先にぶら下げれば膝《ひざ》も屈するだろう。相手を我が意に従わせることができるかどうかは、ひとえに〝撥〟たる自分次第であるということなのである。

日本で太鼓と言えば、お祭りや盆踊りでお馴染みの長胴太鼓《ながどうだいこ》だ。別名「宮太鼓」とも呼ばれ、社寺祭事などで用いられている。和太鼓の歴史は古く、天岩戸《あまのいわと》に隠れた天照大神《あまてらすおおみかみ》を引っ張り出すため、八百万《やおよろず》の神々が哄笑《こうしょう》しながら楽しそうに踊ってみせるが、このとき桶《おけ》を伏せて音を鳴らしたと伝えられている。

また、尖石《とがりいし》遺跡（長野県茅野市）では、太鼓に用いられたと推測される土器が発見されていることから、すでに縄文時代には、太鼓は重要な情報伝達手段に利用されていたということになる。

ちなみに和太鼓について解説しておくと、胴は元来、重厚で木目が美しいケヤキの丸太材をくり抜いたものを使用してきたが、ケヤキが高価であることから、カリンやナラなどの堅い木を海外から輸入している。

革は牛を使う。丈夫なうえに、撥で叩くと音に重量感があるからだ。牛のなかでも、数回の出産を経たメス牛の革が最良とされ、オス牛やホルスタイン種は格落ちする。牛革の両面をなめして張り、鋲《びょう》で固定する。

太鼓の大きさとしては、革の面は一尺から二尺（一尺は約三十センチ）が一般的で、三尺を超えたものを大太鼓と呼ぶ。

この和太鼓を、カシやヒノキでつくった撥で叩くわけだが、胴の長さや革面の大きさ、張り方、厚み、撥の強弱、リズム、さらに胴の中心部か周辺部かによっても、音の大きさや音色、残響、余韻はちがってくる。歌舞伎で用いられる太鼓の音は、雪が深々と降る音から雨音、雪崩の音まで表現してみせる。

太鼓を叩くこと自体は簡単で、幼児が叩いてもドンという音は出る。だが、太鼓は〝生き物〟で、いかに叩くかによって、その音はいかようにも変化する。まさに対人関係と同じということなのである。

対人関係で大切なことは、「**自分から折れる**」ことだ。たとえ相手に非があろうとも、機をとらえ、自分から仲直りの手を差し出すように心がける。相手のミスに対しても、寛容の笑顔で接する。

これがもし、「相手が悪い」「相手に非がある」と〝正義〟をふり回していたのでは、太鼓――すなわち相手は雪崩のような険悪な音を出すだろう。だが、自分から折れれば、それは相手と心を通わせたいというメッセージとなる。

《太鼓も撥の当たりよう》とは、そういう意味をも含む処世訓でもあるのだ。

袖《そで》振り合うも多生《たしょう》の縁

「苦手な人がいなくなる」法

旅立つ人を見送るときに、なぜ手を振るのだろうか。

あれは単なる仕草でもなければ、合図でもない。日本文化に根ざした深い意味が伝承されているのだ。そのことから説明しよう。

『万葉集』が編纂《へんさん》された七～八世紀の古代、「袖を振る」という行為には招魂の意味があった。古代信仰における呪術《じゅじゅつ》で、これを「魂《たま》振り」と言い、袖を振ることで魂（霊力・生命力）の再生や鎮魂、さらに情念を相手に伝えることができるとした。

当時の衣は筒袖《つつそで》で、しかも袖丈《そでたけ》が腕よりも長いため、手を動かせば袖がひらひらと振れた。旅立つ人に袖を振ることで、息災を願ったというわけである。「手を振る」というのは、このなごりというわけだ。

ちなみに、万葉集の恋歌に〝袖振り〟の言葉が多いのは、呪術によって情念を伝え、恋しい人の魂を呼び寄せようとする気持ちを詠んでいるからである。たとえば『万葉集』巻一にある《あかねさす　紫野《むらさきの》行《ゆ》き標野《しめの》行き　野守《のもり》は見ずや　君が袖振る》は、天智天皇の妻・額田王《ぬかたのおおきみ》の歌としてよく知られており、意味は、

「あかね色に匂う紫の草の生いしげる標野をあちこち行き来なさりながら、あなたは盛んに袖を振っていらっしゃる。まあ、そんなことをなさって、野の番人に見つけられませんか」（永井路子訳）

となるが、魂を呼び寄せようと額田王に袖を振っている相手は、夫・天智天皇の弟（大海人皇子《おおあまのみこ》）であることから、人妻の大胆な〝告白〟の歌ということになろうか。

《袖振り合うも多生の縁》ということわざの出典は不詳とされているが、〝魂振り〟の信仰から考察して、おそらく万葉の時代ということになるだろう。

意味は「人と人との縁は単なる偶然ではなく、前世からの深い因縁によって起こる」とし、「どんな出会いも大切にしなさい」と説いたものである。

「振り合う」には、「互いに振る」という意味のほかに「互いに触れる」という意味もある。

「多生」とは、すべての人間は生と死を繰り返すという古代インドの輪廻転生《りんねてんしょう》の思

想を言う。仏教もこの影響を受け、地獄・餓鬼・畜生《ちくしょう》・修羅・人間・天上の六つの世界のいずれかに生まれ変わるとする六道《りくどう》輪廻が説かれる。六道のうち、どこに生まれ変わるかは、生前の行ないによって決まり、これを因果応報と呼ぶ。

以上のことから、人間関係を象徴する「袖振り合う」に、「多生」という仏教語とを組み合わせ、ことわざに昇華したものと私は考えている。

気の合う人、合わない人、好感をいだく人、嫌悪感をいだく人……と、相手に対する思いはさまざまだが、袖振り合う人、袖と袖とが触れるだけの人でさえ前世の因縁によるのだ。そのことに思いをめぐらせるならば、**自分を取り巻く人間関係もまた、これまでとちがったものに見えてくる**のではないだろうか。

人間関係が「驚くほど円滑になる」法

牡丹《ぼたん》に唐獅子《からじし》、竹に虎

自分は「生きている」のでなく「生かされている」

獅子に牡丹、虎に竹——。屏風《びょうぶ》や襖絵《ふすまえ》などでよく目にする絵画だが、これは《牡丹に唐獅子、竹に虎》ということわざを図柄にしたもので、「**取り合わせが良い**」という意味だ。

唐獅子とは「唐《とう》（中国）から伝わってきた獅子」という意味で、猪《いのしし》・鹿《しし》と区別するため、そう呼んだ。獅子はライオンのことだが、インドから中国を経由して日本に伝わる過程でデフォルメされ、狛犬《こまいぬ》に似た聖獣に形を変えたものだ。

では、なぜ「獅子と牡丹」「虎と竹」は取り合わせが良いとされるのだろうか。その理由を読み解いていくと、このことわざは「取り合わせ」などという軽い意味でなく、「人間の生き方」を説いていることがわかってくる。

順を追って、次のような故事から話そう。

古来〝百獣の王〟として地上に君臨する獅子に、ただ一つだけ恐れるものがあった。それは我が身に寄生する虫である。この虫は体毛のなかに発生し、増殖し、やがて皮を破って肉に食らいついていく。

これが「獅子身中の虫」で、放っておけば獅子の命をも脅かすことになるが、この害虫には弱点があった。牡丹の花から滴り落ちる夜露に当たると死んでしまうのだ。そこで獅子は我が身を守るため、夜になると牡丹の花の下で休んだ。ここから「獅子と牡丹」の図柄が生まれる。

では、「虎と竹」はどうか。虎は獅子と並ぶ猛獣で、「千里往《い》って千里還《かえ》る」と言われるように行動的だが、その虎が太刀打ちできない動物がいる。象だ。象にだけは勝てない。勝てないどころか、踏み殺される危険がある。

そこで虎は象の群れに遭遇すると、さっと竹藪《たけやぶ》のなかに逃げ込む。象の巨体は竹藪に入ることはできないし、うまく入れたとしても、長く伸びた象牙《ぞうげ》が密集する竹に引っかかってしまうというわけである。

以上のことから、獅子と虎という最強の猛獣であっても、それぞれ「牡丹の花の下」「竹藪」というように、**すべての生き物は〝安住の地〟を得て生かされている**ということを、このことわざは教えるのである。

京都に臨済宗大本山の南禅寺がある。観光名所としても知られ、禅宗の言葉で住職の居室をさす「方丈」は国宝に指定されているが、ここに〝獅子〟と〝虎〟がいる。

方丈の欄間《らんま》は獅子と虎が両面透彫《すかしぼり》になっているのだ。

江戸初期に活躍したとされる伝説的彫刻職人・左甚五郎《ひだりじんごろう》の作とも言われ、図柄は「獅子と牡丹」に「虎と竹」。禅宗らしく、そこに彫り込まれているメッセージを、こう読み解いている。

「あなたの拠所《よりどころ》は何ですか？　あなたが安心して身を寄せられる安住の地は、どこに在《あ》りますか？」

透彫の小さな空間から我々に発せられる問いであり、**「頼りになるのは自分だけ」というのは自我のおごり**である——とする（臨済禅・黄檗禅公式サイト／臨黄ネット）。

獅子は牡丹の、そして虎は竹のおかげで生かされている。同様に私たちも、周囲の人たちに支えられ、有形無形の恩恵によって生かされている。

このことに思いを馳《は》せれば、自然に感謝の気持ちがわき起こってくる。豊かな人生とは、この感謝の気持ちを言うのではないだろうか。

見ざる聞かざる言わざる

短所は「見ない・聞かない・言わない」――豊かさの極意

人の欠点に目をつむれば、人生の幅は格段に広がる。

欠点はすぐに目につくし、悪口や陰口は楽しいものだが、それは天にツバする行為であることを、私は人生経験によって熟知している。悪口や陰口を無節操に楽しむ人間は、やがて人格が疑われ、信用をなくしてしまうのである。

《見ざる聞かざる言わざる》は、

「他人の短所や過失、さらに自分にとって都合の悪いことは〝見ない・聞かない・言わない〟ことが、暮らしていくうえで何より大切である」

という意味で、**まさに人の欠点に目をつむることこそ処世術のキモ**であると教える。

そして、このことわざの「ざる」と「猿」を掛け、三匹の猿がそれぞれ両目・両耳・口を手でふさぐ姿にかたどったものを「三猿《さんえん》」と言い、日本では日光東照宮の彫刻がよく知られている。

意外に思うかもしれないが、三猿のことわざは日本固有のものではない。「ざる」と「猿」の語呂合わせから日本で生まれたものと思われがちだが、《Three wise monkeys＝三匹の賢い猿》という英語のことわざがあるように、三猿の教えは世界中に存在する。

「人の欠点が気にならなくなる」法

人間が考えることは似たり寄ったりで、猿がもっとも人間に近い生き物であることからモチーフとして用いられたのだろう。国や地域によって三猿の意味は多少のちがいはあるものの、wise（賢明）という言葉が示すように、**《見ざる聞かざる言わざる》は、洋の東西を超えて普遍の処世術**と言っていいだろう。

日本に中国から三猿が伝わるのは、奈良時代とも鎌倉時代とも言われるが、庶民に親しまれるようになるのは、江戸時代に入って庚申《こうしん》信仰と結びついてからだ。

　庚申とは「かのえさる」とも読む。干支《えと》――すなわち十干《じっかん》（甲《きのえ》・乙《きのと》・丙《ひのえ》・丁《ひのと》・戊《つちのえ》・己《つちのと》・庚《かのえ》・辛《かのと》・壬《みずのえ》・癸《みずのと》）と十二支（子《ね》・丑《うし》・寅《とら》・卯《う》・辰《たつ》・巳《み》・午《うま》・未《ひつじ》・申《さる》・酉《とり》・戌《いぬ》・亥《い》）の組み合わせの一つだ。

　干支の組み合わせは六十種類になることから、六十日ごとに「庚申日」が訪れ、六十年に一度「庚申年」がめぐってくることになる。ご存じのように六十歳を祝う「還暦」は、生まれた年の干支が一巡して「還《かえ》る」という意味である。

　さて、六十日ごとにめぐってくる「庚申日」の夜になると、人間にとって一大事が起こると考えられた。体内に棲《す》む「三尸《さんし》の虫」が、人間が眠っているあいだに身体を抜け出し、天に昇って、その人の悪事を天帝（最高神）に報告するというのだ。

　天帝は報告をもとに罪の軽重に応じて寿命を縮め、場合によっては命をも奪う。人間は誰しも大なり小なり悪事を働いているもので、三尸の虫を天に昇らせてしまったら寿命を縮められることになる。

　どうやって三尸の虫を阻止するか。

　夜通し起きていて眠らなければ、三尸の虫は身体から抜け出せないことに村人は気がついた。だが、電気のない時代だ。行灯《あんどん》の薄暗い部屋で一人過ごす夜は長くつらい。

そこで村人は、地域ごとに「庚申講」と呼ばれる集まりをつくり、集団で夜明かしするようになっていく。会場を決めて神々を祀《まつ》り、酒盛りや歓談などをして一夜を楽しむのだ。信仰に名を借りた村人のレクリエーションでもあった。

これが庚申信仰で、庚申講を三年（十八回）続けると、記念として庚申塚という石塔を建立するのだが、ここに三猿を彫《ほ》った。「申」は干支で「猿」にたとえられることから、悪事を隠すため、三尸の虫を体内に閉じ込めたことを《見ざる聞かざる言わざる》と語呂合わせをしたというわけだ。

こうして庚申信仰は、無病息災を願う民間信仰として全国規模で広まり、三猿はやがて庚申信仰から離れ、こんにちのような処世訓として使われるようになっていくのである。

ただし、三猿の処世訓は「他人と距離を置いて〝傍観者〟でいよ」と教えているのではない。「人の欠点には目をつむる」とは、「**欠点には目をつむり、長所を見て人に接すべし**」と解釈してこそ、本当の意味で処世訓になるのだ。

亭主三杯客一杯《ていしゅさんばいきゃくいっぱい》

三十五歳を過ぎたら「酒席」で差をつけてみる

酒席での客のもてなしで、その人の器量がわかる。

古来、酒席のもてなしは、日本文化に深くかかわっており、たとえば、神前挙式において、新郎新婦が飲み干す「三三九度の盃《さかずき》」は、鎌倉時代以降、酒宴の〝もてなし作法〟である「三献」のなごりなのだ。

「三献」とは、一献・二献・三献と酒肴の膳を三度変え、そのたびに大・中・小の盃で一杯ずつ、計九杯の酒を勧めるものだ。三三九度だけでなく、「乾杯」もまた三献のなごりである。

《亭主三杯客一杯》とは、もてなしの心構えを説いたことわざだ。「客に遠慮させないために、あえて主人が客より多く飲む」という意味だが、相手より多く飲むことをもって〝もてなし〟とするわけではなく、「それほどに気づかいせよ」ということだ。

酒はお互いの胸襟《きょうきん》を開く効用があるものの、胸襟も開き過ぎては礼を失して気まずくなることもある。〝人生の駆け出し〟である二十代ならともかく、三十五歳を過ぎれば、**酒席の歓待ができて一人前**と言っていいだろう。

ちなみに「酒」という言葉は、先の「三献」を和訓して「サケ」となったものだが、現在のような清酒が登場するのは室町時代以降で、それ以前は濁酒《どぶろく》であった。

また盃は、酒（サケ）と坏（ツキ）がくっついたものだ。坏とは飲食物を盛る器のことで、鎌倉・室町時代以前はすべて土器《かわらけ》であった。今でも神事には、余分な加工の施されていない素焼きの土器が用いられているが、結婚式の「三三九度の盃」が土器であるのは、結婚が人生にとって重要な〝神事〟であるとするからだろう。

酒と人間のかかわりは古い。考古学的に証明された最古の酒は、九千年前のものだ。中国・賈湖《かこ》遺跡から出土した土器から、米・果実・ハチミツなどでつくった醸造酒の成分が検出されている。

またイランのハッジ・フィルズ・テペ遺跡（紀元前五四〇〇年）から出土した土器からはワインの残滓《ざんし》が、エジプトのツタンカーメン王の副葬品の壺からはワインがそれぞれ検出されている。

世界の各地で古代人は美酒に気持ちよく酔い、大いに歓談したことだろう。同時にそれは、古代より〝もてなし作法〟が連綿と現代に伝わっているということでもある。**酒のつぎ方にも作法がある。**ビールは瓶のなかほどを右手に持って左手を添え、瓶のラベルが見えるように持つ。このときのポイントは、必ず手の甲を上にしてつぐこと。手のひらを上にしてつぐのは「逆手《さかて》の逆注《さかそそ》ぎ」と言って失礼に当たるのだ。

銚子は片手で持っても良いが、女性の場合は左手を添えるのがマナー。そして、注ぎ口のない銚子は絵柄を上にすること。またビールと違って、盃を満たすと飲みにくいため、八分目で止めるところに客は〝もてなし〟の気づかいを感じるだろう。

ワインは、相手がグラスを持たず、テーブルに置いたままつぐものだが、ワイングラスのもっともふくらんだ部分を上限とすること。〝つぎ過ぎ〟はマナー違反となる。

マナーを持ち出すと、「そんな堅苦しいことにこだわるより、まごころがこもっていればいいんだ」という反論が聞こえてきそうだが、それはちがう。もし客がマナーを知っていれば何と思うだろう。**作法は気づかいの基本であり、そのうえに立ってもてなしがある**のだ。

ついでながら、客と話が弾むと、つい飲み過ぎてしまうこともある。まして〝亭主三杯客一杯〟となれば、客より先に酔って醜態をさらさないとも限らない。

二日酔いの対処法については、たとえば水をたくさん飲んでアルコールの排出をうながすなど、いろいろご存じだと思うが、「熱燗《あつかん》の酔いにくい飲み方」となると意外に知られていないようなので紹介しておこう。

まず、熱燗は〝匂い〟に注意。盃を口元に持っていったときに鼻腔《びこう》をつく〝酒の匂い〟がクセモノで、これが酔いを加速するのだ。だから飲み口が広がった盃は、見てくれはいいが、酔いが早くなる。接客のときはこれを避け、できるだけ飲み口のすぼまったものにすること。

そして、ここからが小ワザとなるが、盃を口元に運ぶとき、鼻で軽くフッと息を吹き、立ちのぼる酒の匂いを飛ばす。こうすれば、酔うスピードは格段に遅くなる。

どんな美酒も、あるいはどんな山海の珍味を並べてみたところで、迎える側に気づかいがなければ、それはもてなしにはならず、客は〝タクアンひと切れ〟の感激さえもないだろう。そして気づかいは、相手にそうと気づかれてはならない。

客をダシにして、いつもより多く飲みつつ、「亭主三杯客一杯」と**おどけてみせるのもまた、気づかいであり、もてなしの一つ**だろうと、私は思うのである。

怒れる拳《こぶし》、笑顔に当たらず

ときに「笑顔で勝負してみる」

人間の顔は、進化の過程で毛がなくなった。

なぜだかわかるだろうか。

それは、「表情」が重要なコミュニケーション・ツールになっているからだ。

犬や猫を見ればわかるように、動物は身体も顔も毛で覆われているが、サルやチンパンジーなど、高等動物に進化するにつれて顔の毛が少なくなっていく。人間の顔に残っているのはわずかに睫《まつげ》毛と眉毛だけ。表情がコミュニケーション・ツールとして進化するにつれて、人間の顔から毛がなくなっていったのである。

人間の表情には、怒り・悲しみ・恐怖・驚き・嫌悪・喜びの六つがあるが、このなかでもっとも重要なのが「**喜びの表情**」――**すなわち笑顔**だ。

人間は「暗い顔」を見ると攻撃的な感情にかられ、「笑顔」を見ると気持ちがなごやかになるとされる。あるいは、笑顔で語れば聞き手は話の内容まで楽しく感じるが、同じ話であっても、不機嫌な顔で語れば、聞き手はつまらなく感じてしまうという。

つまり**表情は相手の心に伝染する**のだ。これを脳科学では「ミラー・ニューロン仮説」と呼ぶ。一九九六年にイタリアの研究者が提唱したもので、

「人間は相手の動作を見たとき、あたかも自分も同じ動きをするかのように活性化する神経群が脳にある」

とする。ミラーは「鏡」、ニューロンは「神経細胞」のことから名づけられた仮説である。

相手の怒りを「一瞬でおさめる」法

だが、脳科学を持ち出すまでもなく、すでに八百年前の昔にして「笑顔の効用」について喝破《かっぱ》した人物がいる。雲門宗の禅僧・雲台《うんだい》がその人で、中国・南宋代に成立し

た禅宗の歴史書『五灯会元《ごとうえげん》』に、次のような故事が収録されている。

ある日のこと。修行僧が雲台に、

「雲門宗の家風は何でしょうか？」

と問いかけた。

雲門宗は雲門を祖とし、曹洞宗と同じ流れをくむ禅宗だが、宗派の特徴が何であるかを修行僧は尋ねたのである。もちろん単純な意味での問いでなく、宗派の本質に迫ったのだ。

すると、雲台は即座にこう言い放った。

「怒れる拳、笑顔に当たらず」

直訳すれば、

「怒って拳を振り上げて殴りかかってきた人も、相手が笑顔で対応したなら気勢をそがれてしまうもの。まさか、**にこやかに笑っている人に対して拳を振りおろすわけにもいかず**、やり場に困ってしまう」

ということになるが、おそらく雲台は「闇」に「光」、「悪」に「善」、そして「怒《ど》」には「笑《しょう》」といったように、相反するものをもって悟りの境地を語ってみせたのだろう。

この故事から転じて、《怒れる拳、笑顔に当たらず》ということわざは、「強い態度に出てきた相手には、やさしい態度で接したほうが効果がある」「柔よく剛を制す」

という教えとして現代に語り継がれている。

「笑顔」は人間にだけ備わったものだ。

たとえば馬は歯を剥《む》いて笑うようにいななくが、あれは笑顔ではない。フレーメン現象と言って、異性のフェロモンなど刺激のある匂いを嗅いだときに見せる表情だ。犬の笑顔も、飼い主の愛情からくる錯覚であって、犬が笑うことはない。喜びはシッポを振って表現する。

人間と同じ霊長類のチンパンジーは口を大きく開けて笑ってみせるが、表情はワンパターンで、人間のように「破顔」「微笑」「はにかみ」といった微妙な笑顔を表現することはできない。

まさに**「笑顔」は人間にだけ備わったコミュニケーション・ツールであり、これを上手に使える人こそ、幸せな人生を歩む**のだ。

逸物《いちもつ》の鷹《たか》も放さねば捕《と》らず

人間の器量――たとえば「自分のタカ」をどう使うか

《逸物の鷹も放さねば捕らず》というのは、鷹狩りから生まれたことわざである。鷹狩りは、タカやワシ、ハヤブサなど猛禽《もうきん》類を飼い慣らして鳥獣を捕捉させ、それを取り上げる間接的な狩猟法だ。

「すぐれたタカも空へ放たなければ獲物を捕らえられない」ということから、「**どんなに能力がある者でも、実際に使わなければ何の役にも立たない**」という〝人の使い方〟を説いたものだ。

優秀な人材は、手元に置いておくのではなく、外へ出して存分に能力を発揮させよ――というわけだが、このことわざを深く読み解くと、別の解釈が見えてくる。

すなわち「優秀な人材は引く手あまたなので、手元から放すとそのまま帰ってこなくなるかもしれない。だが、リスクを恐れていては優秀な人材を使いこなすことはできない」というものだ。

信長、秀吉、家康――。この三人の共通の趣味は鷹狩りだが、鷹狩りに「**人材を使いこなす技術**」を重ねて考えてみると、彼らが鷹狩りに熱心であったことは興味深い。

ちなみに三人がどれほど鷹狩りに熱心であったか、それぞれが逸話を残している。

まず、信長――。ある年の冬、京都・東山で鷹狩りをしたときのことだ。途中で大雪に見舞われ、信長秘蔵のタカがどこかへ飛んでいってしまった。臣下たちは青くなり、八方に散って必死で探したが見つけることはできなかった。

ところが翌日になって、大和（奈良）の越智玄蕃《おちげんば》という者がタカを見つけたと言って届けにきたのだ。信長の喜ぶまいことか。玄蕃に上等の着物と秘蔵の駿馬を与え、さらに玄蕃が幕府に没収されていた土地の返還までさせたという。

信長のタカ好きは国内外に広く知られていて、信長への献上品と言えば、まずはタカだったとされる。また、家臣の太田牛一《ぎゅういち》が書いた信長一代記『信長公記』によれば、京都の東山で鷹狩りを行なった際、諸国の武将が信長の機嫌を取るため、こぞってタカを献上したことが記載されている。

秀吉のエピソードは、いささか小才がきいている。文禄四（一五九五）年九月というから、豊臣政権を樹立して五年目。順風満帆のころだ。

秀吉は豊後（大分）のツルやカモなどを鉄砲で撃て、と命じた。そうすれば、鳥たちは畿内（京都から奈良、大阪、兵庫にかけた一帯）に逃げてくる。畿内には秀吉の広大な鷹場（鷹狩りをする場所）が何カ所もあるため、存分に獲物を仕留めることができるというわけである。秀吉は、各地の大名たちに逸物のタカを進上させてもいる。

徳川家康も、江戸や駿府周辺で盛んに鷹狩りを行なっており、「鷹狩りをするのは、郊外へ出て民衆の様子をうかがうのはもちろんのこと、健康にもいいからだ」と理屈をつけていたと江戸幕府の公式記録『徳川実紀』に記されている。

だが、これは「ゴルフは健康に良い」というのと同じ〝あと理屈〟で、家康も存分に鷹狩りを楽しんでおり、鷹匠組《たかじょうぐみ》なる技術者が側近としてついていた。家康を祀《まつ》る全国各地の東照宮には、家康の礼拝用肖像画に白鷹が描かれていることからも、家康のタカ好きがうかがえるだろう。

鷹狩りが大陸から日本に伝えられたのは、今から約千七百年前――仁徳《にんとく》天皇の時代とされ、朝廷を中心に王侯貴族の遊びとして栄える。それが時代の変遷とともに戦国武将に引き継がれていくのだが、鷹狩りは「十万石に鷹一羽」と言われるほど多額の費用を必要とすることから、富と権威の象徴ともされた。

タカが毎日食する〝生き餌《え》〟を確保するため、担当者が何十人も必要になる。所有するタカの数が増えれば何百人にもなる。さらに飼育の担当者、訓練する人間（鷹匠）たちも必要となり、多大な出費になるというわけだ。それに加えて、鷹狩りのための鷹場をもうけるとなれば、富と権威の象徴というのもうなずけるだろう。

だが、どんなに権勢をもってしても、タカはけっして人に従わない。信長、秀吉、家康、そして多くの武将たちが鷹狩りに夢中になったのは、富と権威の象徴であることに加え、タカの〝孤高の誇り〟に魅せられたからではなかったろうか。

ことわざの出典は不明だが、含蓄のある言葉であることから、信長、秀吉、家康のうちの誰かが鷹狩りの際に口にしたのではないかと想像する。

秘蔵のタカも、リスクを取って大空に放たなければ獲物を捕ることはない。

優秀な人材もまた、外に放ってこそ能力を発揮する。

そのためには、人材を使いこなせるだけの能力を磨いておかなければ、大空の彼方に消えるタカのごとく人材は散逸してしまうだろう。信長も、秀吉も、家康も、大空に舞い立つタカを目で追いながら、そんな思いをいだいたのではないだろうか。

水清《みずきよ》ければ魚棲《うおす》まず

対人関係は「ほどよく濁ってみせる」のがいい

清廉潔白過ぎる上司は敬遠される。清廉潔白とは「心が清くて私欲がなく、後ろ暗いところがまったくない」という意味で、生き方としては立派だが、それの過ぎたる上司は、ちょっとしたミスでも厳しく咎《とが》めるため、煙たがられる。

「だから、**重箱の隅をつつくようなことをしてはならない**」と、さとすのが「水至《いた》って清ければ則《すなわ》ち魚《うお》無く、人至って察《さつ》なれば則ち徒《と》無し」という『孔子家語《こうしけご》』にある言葉だ。一般にはこの言葉を縮めて《水清ければ魚棲まず》と用いられ、「きれい過ぎる水には魚が棲みつかないのと同じで、清廉潔白過ぎる上司は部下に慕われない」と、上に立つ人間の度量を説く。中国・後漢朝について書かれた歴史書『後漢書』の「班超伝《はんちょうでん》」において、次の故事で書かれている。

後漢の時代。班超は匈奴《きょうど》討伐のため、中国・西域へ派遣される。匈奴とは、西域の遊牧民族のことで、しばしば南下しては漢民族を脅かす宿敵である。かの始皇帝が完成させた万里の長城は匈奴に対する砦であったと言えば、わかりがいいだろう。班超は三十年を費やし、五十余の異民族国家をことごとく服属させることに成功する。

そして、都に凱旋《がいせん》するときのこと。後任として派遣された任尚《じんしょう》が、班超を訪ねて問うた。

「この地を統治するコツがあれば教えていただきたい」

すると班超は、

「水至って清ければ則ち魚無く――」

という言葉を用いて、

「何分にも西域は異民族の地。これを統治するのは容易ではない。水があまりに澄んでいるようなところには、大魚は隠れるところがないので棲みつかないものだが、それと同じで、**細かいことばかりに目がいって厳しくし過ぎると人々の支持は得られないもの**だ。統治は大まかで簡単にするのがよろしかろう」

しかし、任尚はこのアドバイスに失望し、

「班超様もたいしたことはないな。素晴らしい策があるにちがいないと期待したが、平凡なものだった」

と側近に語ったという。任尚はアドバイスを無視して厳格に統治。その結果、民衆の心は離れ、西域はふたたび匈奴の手に落ちてしまった、とこの故事は教える。

人の心を「わしづかみにする」法

さて、日本において、このことわざが一躍有名になるのは、班超の時代から千七百年ほどくだった江戸中期、筆頭老中・松平定信が断行した「寛政の改革」である。当時、幕府は財政難にあり、諸藩も年貢の取り立てを厳しくするなど、国も国民も疲弊していた。これを改善するため、松平定信は寛政の改革を断行する。前任者・田沼意次《おきつぐ》時代の賄賂《わいろ》政治の一掃を図り、綱紀の粛正や質素倹約の励行など〝禁欲的な政策〟を次々に打ち出したのである。

清廉潔白で知られる定信らしい政策であったが、物価は下がらず、規制強化と緊縮財政によって景気は沈滞し、町人らの不満を買ってしまう。

このとき江戸庶民が詠んだ狂歌が、

「白河の　清きに魚の棲みかねて　元の濁りの　田沼恋しき」

改革を揶揄《やゆ》しつつ、賄賂政治が横行した田沼時代の〝濁り〟を懐かしんだ。「白河」とは、定信の領地・白河藩のことで「川」との掛詞になっている。清廉潔白も、過ぎたれば反感を買うという人間社会の機微を、江戸庶民は中国故事を引き合いにし、狂歌に詠んだのである。

寛政の改革は六年間にわたる大規模なものであったが、結局、見るべき成果を得られないまま頓挫《とんざ》するのである。

ちなみに、なぜ「清き水」に魚が棲まないかといえば、班超が後任の任尚にアドバイスしたごとく、姿を隠すことができないため魚が近寄らないということのほか、あまりに清冽《せいれつ》な水は、魚のエサになるプランクトンが乏しいからである。

清廉潔白であることは人間として素晴らしいことだ。だが、それは「自分の生き方」として心すべきものであって、他人に求め過ぎれば反感を買うということなのである。**対人関係は、ほどよく濁ってみせてこそちょうどいい。**

石に裃《かみしも》

東海道五十三次「京発ち石部泊まり」がなぜ野暮になる？

「謹厳実直」は諸刃《もろは》の剣である。

真面目さが足らなければ信用に欠け、過ぎれば嫌われる。過不足なきをもって最上とするが、それは至難のワザ——となれば「及ばざるは過ぎたるより勝れり」という徳川家康の遺訓に従って、**「謹言実直」もやや足りないくらいがちょうどいい生き方**になる。

《石に裃》とは、まさに〝過ぎたる謹厳実直〟のことで、「堅苦しいこと。堅いだけが長所の謹厳な人」という意味だ。

裃は、肩衣《かたぎぬ》（上半身）と袴《はかま》（下半身）がセットになった武士の正装で、肩の部分が奴凧《やっこだこ》のように広く角張っていると言えば思い当たるだろう。現代で言えば、たとえば大臣が認証式のときに着るモーニングがそれに相当する。

裃は正装であることから、「裃を着る」といえば格式張って堅苦しい態度を取ることの意味になるが、《石に裃》は、その〝堅い裃〟を、これまた〝硬い石〟が着ているわけだから、謹厳実直もここに極まれりということになる。

もちろん、誉め言葉ではない。

たとえば中国・唐代の詩人・白居易《はくきょい》は、「人は木石に非ず、みな情あり」——すなわち「人は木や石と違って、ものに感ずる心や喜怒哀楽の情を持っている。だから身体はけっして木石ではないのだ」と、人間は《石に裃》であってはならないと詠んだ。

平易な表現で知られる白居易の詩歌は、平安文学に大きな影響を与えており、「木石に非ず」は〝日本語〟として使われている。

また、石に裃を着たような人間のことを「石部金吉《いしべきんきち》」という。「石」と「金」という硬いものを並べ、それを〝人名〟として表現しているわけだが、このように何かを人名めかす言い方を擬人名という。

江戸時代から用いられている表現法で、「骨皮筋右衛門」「承知の助」「飯田左内（言い出さない）」「平気の平左」などがそれに当たる。また川に人名をつけ、坂東太郎（利根川）、筑紫次郎（筑後川）、四国三郎（吉野川）などと呼ぶ。

だが、この「石部金吉」は単なる擬人名ではなく、じつは発祥の地がある。現在の滋賀県湖南市石部がそれで、石部は江戸時代、東海道五十三次のうちの第五十一次に当たる。東海道五十三次とは、江戸日本橋と京の三条大橋を結んだ東海道の五十三の宿場のことだが、「京発ち石部泊まり」と言われ、石部は京から江戸に向かうときに最初に泊まる宿場であった。

また近郊に石部金山をひかえ、大いに賑わっていたが、一説によれば、石部宿は飯盛女《めしもりおんな》（宿屋で給仕と売春の兼業をした女）を置かない〝堅い宿場〟であったという。このことから石部金山をもじり、融通のきかない人間や、道徳的にクソ真面目で色香に心を迷わされない人間のことを「石部金吉」と擬人名で呼ぶようになったとされる。

そして、ただでさえ融通のきかない石部金吉が、さらに「鉄の兜」をかぶるとなれば、これ以上の堅物はないわけで、こうした人間を称して「石部金吉鉄兜《かなかぶと》」と呼ぶのである。

人間は謹厳実直であるべきだ。だが、**人間が感情の生き物である以上、謹厳実直も〝石に裃〟となってしまうと嫌われる**。部下や後輩を持つ三十代半ばを過ぎれば、あまり堅いことを言わないくらいでちょうどいいのだ。

3章

くすぶらない

「空馬《からうま》に怪我《けが》なし」「手功《てこう》より目功《めこう》」「水広《みずひろ》ければ魚大《うおだい》なり」

――人間が大きくなる故事・ことわざ

抜かぬ太刀《たち》の功名《こうみょう》

薩摩・示現流の「刀を抜かずして事をおさめる法」

言葉の置き換えによって、意味がガラリと変わってくる

「功名」か「高名」か——。

のが、このことわざの〝深い〟ところである。

太刀の語源は「断つ」だ。刀の「カタ」は「片」、「ナ」は刃の古語であることから、刀とは「武器として用いた片刃の刃物」を意味する。すなわち日本刀を正式に定義すれば「片刃の刃物で敵の命を断つ武器」ということになる。

ちなみに日本刀のなかで「太刀」と呼ぶのは刃長二尺（約六十センチ）以上のもので、それ以下のものは「脇差《わきざし》」という。武士が大小二本の刀を腰に差していたことから、武士のことを「二本差し」と称したが、これは江戸幕府が諸大名統制のためにつくった法令「武家諸法度」に定められたものだった。

さて敵の命を断つ太刀も、徳川家康が天下を平定して以後は腰の〝お飾り〟になってしまう。剣術が盛んになるのは、世相騒然たる幕末になってからのことで、それまでは剣術の腕前がどれほどのものであるか、実際に見せる場面はほとんどなかったと言っていいだろう。

　だから「高名＝実力」とは限らず、武勇伝を創作して吹聴することで剣豪となり、用心棒など大店の食客におさまる人間も出てくる。

《抜かぬ太刀の高名》とは、口では強そうなことを言っているが、その腕前を実際に見せたことのない〝剣豪〟を揶揄《やゆ》したものである。ここから転じて「**実際に手腕や力量を示さないのに、かえって名声を得ることのたとえ**」としてことわざに用いられるようになった。

　出典は、江戸前期の俳人・松江重頼《しげより》編の俳諧書『毛吹草《けふきぐさ》』。俳諧とは、漢詩や和歌の用語で、滑稽《こっけい》や諧謔《かいぎゃく》（ユーモア）を主としたもので、松江重頼は天下太平の世を踏まえつつ、「太刀は抜かぬうちが花」と皮肉っている。

「刀」を「スキル」に置き換えれば現代の私たちになり、松江重頼の諧謔は時代を超えて生きつづけているということになる。

　さて、「高名」も「功名」も「手柄を立てる。高い評価を得て名をあげる」ということで意味は同じなのだが、「功名」の字を用いた場合、「抜かぬ太刀」は「忍耐」のことを言い、《抜かぬ太刀の功名》は、「我慢し、耐えることによって良い結果を生む」という解釈になってくる。

実際、軽はずみに刀を抜いてはならないという戒めは、時代を超えて武士に説かれてきた。たとえば居合いにおいては、「勝負は鞘《さや》の内にあり」として、刀を抜かずして相手を威圧し、勝ちをおさめることを極意とする。すなわち、対峙するだけで相手が畏怖するような人間であれ、というわけだ。

あるいは、示現流《じげんりゅう》で知られる薩摩お家流剣法では「薩摩鍔《つば》」と呼ばれる独特のものがある。鍔に「手抜きの緒《お》」と呼ばれる穴が二つ空いていて、薩摩隼人《はやと》はここにこよりを通して鞘と結び、みだりに刀を抜かないよう心がけた。

示現流・薩摩藩士は、幕末の新撰組がもっとも恐れた相手だ。示現流は「二の太刀要らず」と言われるように、初太刀にすべてをかける先手必勝の鋭い斬撃《ざんげき》が特徴だが、その示現流にして「**極力、刀を抜かずして事をおさめよ**」と戒めたのである。

刀を抜くということは、殺し合いをすることだ。自分の命をかけるだけでなく、私闘が禁じられた江戸時代では、場合によってはお家取りつぶしにもなる。「刀を抜く」というのは、死ぬこと以上の覚悟がいるのだ。

刀は「武士の魂」と言われるが、刀そのものが武士の魂というのではなく、刀を抜くときは命をかけるから武士の魂なのである。

何があっても「心が乱れない」法

私たちの周囲には、実績もなく、大言壮語するだけでスキルを見せたことのない人間がいる。
したり顔で蘊蓄《うんちく》を語り、他人を批判し、自分を大きく見せようとする人間を《抜かぬ太刀の高名》であるとするなら、でしゃばることなく、謙虚で、誹謗《ひぼう》中傷にも心動かされることなく、**おのれのなすべき仕事に全力で取り組む人間**が《抜かぬ太刀の功名》ということになるだろうか。
同じ〝抜かざる太刀〟であっても、その意味するところは天地の差があるのだ。

家柄より芋がら

三十五歳を超えたら「人柄で仕事をしてみる」

セレブにまつわる話からしよう。

六十余年前――。敗戦によって憲法が施行される昭和二十二（一九四七）年まで、日本には法律で定められたセレブたちがいた。

「華族」がそれで、旧大名・公家《くげ》を筆頭に明治以来の元勲（高級官僚）の子孫、財閥、そして大地主たちである。さらに華族は五つの等級に分けられ、上から順に公爵・侯爵・伯爵・子爵・男爵の五階級になっていて、これを爵位と言い、一般に「公《こう》・侯《こう》・伯《はく》・子《し》・男《だん》」と呼ばれた。

では、なぜ華族が生まれたのだろうか。それは徳川幕府が滅びた直後の明治二（一八六九）年、新政府は三百余におよぶ大名たちを「華族」とし、特権を与えることで、彼らが支配していた土地と人民を朝廷に返させたことに始まる。

これを「版籍奉還」と言うが、要するに「華族」という上流階級の地位を与えることによって反発を抑え込み、封建身分制度を解消したというわけである。

華族の特権は時代によって変わっていくが、たとえば財産に対する課税が免除される非課税特権のほか、裕福でない華族に対しては、政府が国庫から資金援助した。

あるいは、公爵と侯爵は貴族院の終身議員の地位が保証され、伯・子・男爵は互選で任期七年とされた。貴族院とは、明治憲法下において、貴族やその他の非公選議員により組織される議院のことで、選挙によって選ばれる下院に対して、上院として置かれたものだ。

また、学習院は華族の子弟であれば無試験で入学でき、高等科までの進学が保証された。大正十一（一九二二）年以前は、学習院高等科を卒業した生徒は、帝国大学に欠員があれば無試験で入学ができるなど、華族の子弟であれば、誰でも帝国大学に入学できたというわけである。

これら「華族」に対して一般国民は「平民」と呼ばれ、厳然と区別された。平民にとって華族は仰ぎ見る上流階級であり、当然ながら嫉妬《しっと》の混じった反感もあった。

その華族が、第二次大戦に日本が敗れてから、一変するのだ。敗戦翌年の昭和二十一（一九四六）年、政府は財政の行き詰まりを打開するため「財産税法」を制定して、財産税を徴収した。

華族も例外ではなく、累進課税方式であったため、膨大な資産を持っていた華族たちは大打撃を受ける。税金が払えないため土地屋敷などが物納され、華族たちの多くは財産を失ってしまうのである。

そして翌二十二年、憲法施行によって華族制度は廃止され、上流階級だった華族は「平民」になってしまう。つまり、財産を失ったうえに〝身分〟まで剥奪《はくだつ》されてしまったというわけだ。生活に困窮し、元華族のなかには莫大な結納金と引き替えに娘を〝戦後成金〟に嫁がせるなどして、世間の嘲笑《ちょうしょう》を浴びた。

このことから生まれたことわざが《家柄より芋がら》なのである。

芋がらというのはサトイモの茎のことで、「家柄」と「芋がら」を掛け合わせ、「**家柄の良さよりも、食用になる芋がらのほうがましである**」として落ちぶれた名家を嘲《あざけ》ったものだ。

だが、このことわざの本当の意味は、「**名より実**」という戒めにある。戦後の食糧難の時代、国民の飢えをしのいだのはイモであり、雑穀であり、この芋がらであったことから、落ちぶれた名家を引き合いにしつつ、人生において大切なのは名より実であるとしたのである。

ちなみに、芋がらを食する習慣は古く、鎌倉時代にさかのぼる。芋がらを縄状に編んだ「芋がら縄《なわ》」を味噌で煮しめ、携帯食料として兵士に持たせている。現代でも八百屋で売っていて、生を「ずいき」、ゆでて乾燥させたものを「芋がら」と呼び分けている。

美味というわけではないが、癖がなく、あっさりとしていて、おひたしや味噌汁の具に用いたりする。ビタミンB類、カルシウム、鉄、カリウム、マグネシウム、亜鉛、銅、そして良質の食物繊維などを豊富に含んでいることから、戦後の飢えをしのぐ一助になったのもうなずけるだろう。

今「家柄」と言えば、華族に代わって「金持ち」をさすようになった。手段はどうあれ、お金を儲けて豪邸を構える人間が上流社会の住人とされる。

財を成すことはもちろん悪いことではないが、こうした価値観が、拝金主義を生む元凶になってはいないだろうか。お金よりも大切なのは人格であり、人間性であるという思いを込めて、「**家柄より人柄**」と言い換えてこのことわざを使いたい。

大きい薬缶《やかん》は沸きが遅い

大器晩成の人の「晩成するまでの過ごし方」

三十五歳を過ぎて「未完の人」は〝大器〟――大成功する人――の可能性がある。青雲の志に燃えて社会に飛び込み、五年、十年と必死で走りながらも、前を行く同期の背中が次第に離れていけば、誰しもあせる。あるいは一芸に挑み、絶壁に爪を立てるようにしてよじ登りながらも、頂上すら見えないとなれば絶望的な気分になるだろう。〝未完〟のまま過ぎゆく日々にふと、

(自分は〝負け犬〟で終わるのではないか)

という不安が脳裏をよぎる。

だが人生は、**先を行く者がそのままゴールするほど単純ではない**。若くして世に出ながらも大成しない人もいれば、中年世代になって頭角を現わす人もいる。その差は運や能力、努力だけでなく、その人の〝器〟も大きく関係してくるのだ。

《大きい薬缶は沸きが遅い》ということわざは、まさにこの〝器〟をたとえたもので、「度量の大きいすぐれた人物は、普通の人間よりも大成するのに時間がかかる」という意味になる。すなわち、

「出世の遅れている人、志半ばの人、あるいはいまだ芽が出ない人は〝大きいやかん〟であるかもしれない。だから**あせるな、悲観するな**」

と、このことわざはさとすのである。なるほど小さいやかんは沸くのが早いが、お茶の数杯もいれればすぐに空になってしまう。一方、水を満たした大きなやかんは沸くのに時間がかかるものの、いったん沸いてしまえば、お湯がたっぷりあるため、いろいろな用途に使えてなお、なかなか空にならないというわけだ。

ちなみに「やかん」の登場は、奈良時代とも鎌倉時代とも言われる。

中国から伝わった漢方薬を煮出すのに利用されていたもので、当時は「薬罐＝ヤククワン」と呼ばれていた。「罐＝クワン」は水をくむ器のこと。「ヤククワン」から「ヤククヮン」に転じ、「ヤクヮン」「ヤカン」に変化したとされる。漢字の「薬缶」は、発音が「やかん」となった以降の当て字である。

このことわざの出典や時代は不明とされているが、薬罐《やかん》が漢方を煮出す本来の用途

から、湯を沸かす道具として用いられるようになるのは、お茶を飲む習慣が庶民に広まる江戸時代からだ。

やかんは日常に使用するものであり、やかんの大きさと沸かす水の量については誰でも注意を払うことから、庶民のあいだで自然発生的に生まれたことわざなのだろう。

やかんに限らず、「あせるな」とさとすことわざは洋の東西を問わず存在する。《大器晩成》《Late fruits keep well＝遅くできる果物は長くもつ》《Rome was not built in a day＝ローマは一日で成らず》——など、よく知られるとおりだ。

不遇でも「簡単にはへこたれない」法

人生、急ぐことはない。自分というやかんがどれだけの大きさであるのか、そして、いつ沸騰するのか。努力という〝火〟を絶やさず、**「明日」に胸をときめかす日々**であれと、このことわざは教えてくれる。

空馬《からうま》に怪我《けが》なし

「欲」という「荷物」を少しだけ捨ててみる

無一文の人間は、それ以上、貧しくなることはない。

だから「失う」という恐怖心もなければ、財産を狙われるのではないか、といった猜疑心《さいぎしん》に苦しめられることもない。**人生において、これにまさる幸せがあるだろうか**

――と教えるのが《空馬に怪我なし》ということわざだ。

「空馬」とは、人も荷物も乗せていない荷馬のことである。「馬の脚に負担がないからケガもない」ということから転じて、「何も持っていない者は損をすることがない」という意味に用いられる。

つまり「人間、生まれたときは裸じゃないか」と覚悟を決めれば、どんな危機的状況に陥ろうとも、恐れるものは何もないというわけだ。

だが、このことわざには矛盾がある。ケガをさせないために荷物を乗せないというのでは本末転倒。荷馬の用をなさないことになる。

そのことを考えれば、このことわざの真意は「**欲張って荷を積み過ぎると、馬が脚をケガして元も子もなくしてしまうぞ**」という戒めにあるものと、私は読み解く。

近代以前、馬は経済を支える重要な輸送手段だった。馬の背に人や荷物を乗せて運ぶ仕事を「駄賃馬稼《だちんうまかせぎ》」と言い、この仕事に従事する人間を「馬借《ばしゃく》」あるいは「馬子《まご》」と呼んだ。

ちなみに《馬子にも衣装》ということわざの〝馬子〟は、この人々のことを言ったものだ。「外形を飾ると立派に見える」という意味でこのことわざは使われることから見て、どうやら馬子は垢抜《あかぬ》けしなかったということか。

さて、駄賃馬稼の「駄」は、「下等」という意味だ。荷馬に使用される馬は、乗馬に適さない下等な馬であることから「駄馬」と呼ぶ。駄馬が背に乗せて運ぶ一回分の荷物が「一駄」、さらに〝駄馬による運び賃〟という意味から「駄賃」という言葉が生まれる。

また、荷物運び専門の馬を「本馬《ほんま》」、人間一人と荷物を併せて乗せる馬を「軽尻《からじり》」と呼び、江戸時代にはそれぞれ積載重量が幕府によって次のように定められていた。

本馬が一駄三十六貫（約百三十五キロ）、軽尻が一駄十六貫（約六十キロ）。さらに酒樽の運搬については、軽尻の積載重量に換算して酒三斗五升（約六十三リットル）入りの樽一つを片馬、二つで一駄と言った。

駄馬とは言え、経済を支える要《かなめ》の輸送手段であっただけに、徳川幕府は積載量を定めるなど荷馬を大事にした。

病気やケガで荷馬を失えば、荷主は商売が立ちゆかなくなり、馬子はたちまち生活に困窮する。だから《空馬に怪我なし》ということわざは「欲張って積み過ぎてはならない」という戒めとして生まれ、それが時代の変遷によって「何も持っていない者は損をすることがない」という意味に転じたものと私は解釈するわけである。

だが、さらに深く読み解くなら、**「荷」を「欲」とも解釈できる**。すなわち、強欲は人生につまずき、空荷（無欲）につまずきはないというわけである。

とはいえ、現実において、私たちは無欲で生きることは不可能だ。欲があるからこそ、がんばれる。だから私は欲は否定しないし〝空荷〟である必要はないと思う。

ただ、欲という〝荷物〟をあまりに積み過ぎてしまうと、重さに負けてつまずいてしまう。だから欲はほどほどが肝要であると、私はこのことわざを理解するのである。

忙中閑《ぼうちゅうかん》あり

忙しいときの「感覚が研ぎ澄まされる一瞬」

忙しいときほど、仕事の手を休めて、ちょっとひと息つきたいものだ。道を急ぐ旅人が、路傍《ろぼう》の花にふと足を止めて心なごませるように、私たちも忙殺される日々にあって、心を遊ばせるひと時が必要だろう。

「それができれば苦労しないさ」

という声はもっともだろうし、三十代半ばも過ぎれば、人生は時間との競争であることを身にしみて知っていることだろう。しかし、それでは**滑車のなかをエンドレスで回るハツカネズミと同じではないか**——とさとすのが、《忙中閑あり》なのである。

このことわざは中国・北宋代、書家の黄庭堅《こうていけん》が説いた『香の十徳』を出典とする。香を焚《た》き、それを鑑賞することの功徳を述べたもので、日本へは〝とんちの一休〟で知られる一休宗純によって紹介された。

第一の徳として「感覚を研ぎ澄ます」、二番目として「心身を清浄にする」など十の徳（効用）が説かれているが、その六番目の徳として「塵裏《じんり》に閑《かん》を偸《ぬす》む（忙しいときにも閑をもたらす）」とある。

「塵裏」とは「俗世間」のことで、転じて精神的に煩《わずら》わしいこと、「閑」は「ひま」とも読むが、時間的な「暇《ひま》」ではなく、「ひと息つく」といった意味の「ひま」。

「偸む」は「中身を抜き取る」という意味で、ここで抜き取るのは塵裏——すなわち多忙な日々の煩わしさから解放するということから、「時間に追われているときこそ、手をちょっと休めて香を聞けば心がなごむもの」という意味になる。

香は「香道」と呼ばれ、茶道や華道とともに室町時代中期、華やかな東山文化のもとに成立した日本の伝統芸能だ。茶道に似た作法に則《のっと》って、伽羅《きゃら》などの香木を焚き、日常を離れた静寂の世界でその香りを鑑賞するが、香は心で味わうということから「嗅《か》ぐ」ではなく「聞く」とし、これを「聞香《もんこう》」と表現する。

《忙中閑あり》とは、静寂の世界に心を解き放つ香道を出所としながら、やがて香道を離れ、「忙しい毎日だろうが、そういうときにこそ、**ひと息ついて、心に余裕を持つことが大切だ**」という意味になった。聞香を想像しながら、《忙中閑あり》という言葉を味わえば、その意味するところが実感として理解できるだろう。

東洋哲学の大家であり、歴代首相の指南役として知られる故・安岡正篤《まさひろ》氏は、太平洋戦争当時を振り返りつつ、《忙中閑あり》について、こう語っている。

「ただの閑は退屈にして精神が散じてしまう。忙中につかんだ閑こそ、本当の閑でありまして、激しい空襲のなかでも十分、二十分の短い閑に悠々と一坐禅、一提唱できました。こういうのが〝忙中の閑〟であります」

時間を「いくらでもつくり出す」法

すなわち、「忙しいから閑がない」というのは言い訳であって、「**忙しいなかに悠々たる閑がある**」というのが正しいということになる。

たとえほんの一瞬であろうとも、意識して忙中に得る時間は、静寂の世界に心を解き放つ香道の心に通じるだろう。ゆえに〝悠々たる閑〟なのである。

大きな家には大きな風

心配事は「人生の必要経費」

手を濡らさずして水中の魚をつかむことはできない。

「魚」を富や地位とすれば、「手」は労苦で、多くの魚をつかめば、手も腕もより多く濡れるということになる。会社で出世すれば相応の責任がかかってくるし、上司としての評判も気になるだろう。財を成せば、税務対策から相続、貸借、さらに金銭をめぐる人間関係など、持たざる人間には無縁の労苦に頭を悩ませる人生になる。

すなわち**労苦や心配事は、万人に一定比率で課せられる「人生の必要経費」**ということなのだ。だから地位が上がれば上がるほど、金持ちになればなるほど、労苦も心配事も一定比率で大きくなっていくというわけである。

このことを、ことわざは《大きな家には大きな風》と教える。家が大きければ、大きいなりに風当たりも強いことから、「地位が高い者には高いなりの、裕福な者は裕福なりの心配事や悩みがある」という意味になる。

ことわざの出典はハッキリしないが、「家」と「風」の関係をたとえとした教えが、江戸時代にある。寺子屋などで道徳の教科書に用いられた『金言童子教《きんげんどうじきょう》』がそれで、「家は金殿《きんでん》に非《あら》ずと雖《いえど》も漏《も》らざれば便《すなわ》ち善《よ》しと為《な》す」

と説く。金殿は一般的に「金殿玉楼」という言葉で用いられ、金や宝玉で飾った宮殿のことを言うが、ここでは広大な屋敷を富の象徴にたとえ、「家なんぞというものは、雨露をしのげれば、それで十分だ」と、いたずらに高望みすることを戒めるのだが、この教えの本質は、

「金持ちになれば、それだけ悩みも労苦も多くなって、傍《はた》で見るほど安楽ではない。貧しくとも、その日が暮らしていけるなら、それで十分幸せなのだ」

ということにある。

つまり、『金言童子教』のこの教えも、《大きな家には大きな風》ということわざも、高望み——すなわち「羨《うらや》むな」ということを教えているのだが、それではあまりにネガティブな解釈ではないだろうか。

私は次のような〝**逆転の解釈**〟をする。

「大きな風が当たるのは、大きな家であるからだ。日々に労苦が絶えず、周囲から足を引っ張られたり、妬《ねた》まれたり、悪口を言われたりするのは、それは**人間としての器の大きさを表わしている**」

すなわち、強風にさらされないような人生でどうする、という励ましとして、このことわざをとらえるのである。

植物の葉にとって一番の大敵は〝風当たり〟とされる。ひと口に風当たりと言うが、風圧は風速の二乗に比例する。風速十メートルで樹木が受ける風圧を十キロとする。これが風速が二倍の二十メートルになれば、風圧は四倍の四十キロにもなる。だから風当たりは葉の大敵というわけだ。

だが、同じ樹種でも、風当たりに強い葉と、そうでない葉がある。強風にさらされて育った葉は風当たりに強く、そうでない葉は弱いのだ。同じ樹種の葉でも、環境に適応していくことによって強くなるというわけである。

人間も同様だ。大きな風が当たるような、大きな家になることによって、人間はより強靱《きょうじん》に、そして人生はより豊かになるのではないだろうか。

智は愚を責めず

聖徳太子の処世訓――「自分は賢くもないが愚かでもない」

聖徳太子は、こんな言葉で私たちをホッとさせてくれる。

「我れ必ず聖《さかしき》にあらず、彼れ必ず愚《おろか》にあらず。ともにこれ凡夫《ただひと》ならんのみ」

太子が制定した「十七条憲法」の第十条に出てくる一節で、

「私は、みんなと同じようにただの人間に過ぎない」

という意味だ。

聖徳太子については説明の必要もあるまいが、今から千四百年前の飛鳥時代、推古《すいこ》天皇の摂政として政治を行ない、日本史上もっとも尊敬されている人物の一人で、かつて一万円札の顔でもあった。その聖徳太子が「私はただの人間に過ぎない」として、こう続けるのだ。

「相共に賢愚なること、鐶《みみがね》の端なきがごとし」

賢いとか愚かとか言ったところで、それは鐶（イヤリング）のように輪になって一体になっているものだ――としながら、「それぞれが、自分は〝ただの人間〟であるということを自覚することによって、他人と共存できる」

と〝和の精神〟を説いたのである。聖徳太子は政治家であるとともに、大陸から伝わった仏教を本格的に広めた人物であるだけに、賢愚を鐶にたとえて説く〝和の精神〟に、太子の仏教的人間観が表われていると言えよう。

聖徳太子の言葉を紹介したのは、ほかでもない。《智は愚を責めず》ということわざは、太子の仏教的人間観をもとにしていると思われるからである。

この出典は、江戸時代後期のことわざ集『譬喩尽《たとえづくし》』だ。「真に知恵のある者は他人の愚行を責めない」という意味であることから、道徳的な「寛容」を説いたものと受け取られているが、それは皮相的な解釈。

聖徳太子同様、「人間はみな愚かであり、自分もまたその一人である。だから**他人の行ないを愚かであると責めてはいけない**」というのが真意なのである。

ひらたく言えば、「目くそ、鼻くそを笑う」。それはまさに天にツバする行為であるというわけで、聖徳太子の仏教観が時代を超えて脈々と流れていることがわかる。

原始仏典の一つで、〝釈迦語録〟の形式を取った『ダンマパダ』(法句経《ほっくきょう》)に次の一節がある。

「もしも、**愚者がみずから愚であると考えれば、すなわち『賢者』である。**愚者でありながら、しかもみずから賢者だと思う者こそ、『愚者』である」

今日からできる「人格を高める」法

他人に対して優越感をいだく人間は愚かであり、自分は他人を見下すほど偉くはないと知る者は賢い――という意味だが、聖徳太子は釈迦のこの言葉に接して、

「我れ必ず聖にあらず、彼れ必ず愚にあらず。ともにこれ凡夫ならんのみ」

と語り、さらに太子のこの仏教的人間観が時代をくだって『譬喩尽』にことわざとして記され、処世訓として現代に語りつがれているというわけである。

泰山《たいざん》は土壌《どじょう》を譲《ゆず》らず

始皇帝の勝因――相手が誰であれ「まずは受け入れる」

秦《しん》の始《し》皇帝の「包容力」にまつわる故事を紹介しよう。

「上に立つ者は、すべての人間を受け入れる広い度量を持つべき」と臣下が始皇帝に手紙を書き送った話だ。この故事は中国の歴史書『史記』に収録されており、リーダーの心構えとして現代に語りつがれている。

時代は秦が中国を統一する以前――始皇帝が「秦王・政《せい》」と名乗っていたころのことだ。側近の推挙で、政は李斯《りし》という他国の人間を近侍に取り立てた。李斯は若いころ楚《そ》の小役人をしていたのだが、将来に見切りをつけて思想家・荀子《じゅんし》の門下に入り、秦に流れてきた男だった。

やがて頭角を現わした李斯は、秦王の密命を受けて他国に潜入、政治工作などの功績によって客卿《かくけい》に出世する。客卿とは他国出身の大臣のことだが、出る杭《くい》は打たれるのが世の習いで、王族貴族や家臣たちの反感を買った。彼らは奸計《かんけい》をめぐらせ、秦王をそそのかして他国人の追放令（逐客《ちかく》の令）を出すことになった。

このことを知った李斯が、すぐさま秦王に書き送った手紙が、

「泰山は土壌を譲らず。故に能く其《よ》の大《そ》を成す。河海は細流を択《えら》ばず、故に能く其の深《しん》を就《な》す」

すなわち、「泰山はひとかけらの土くれも捨てないからこそ、あのような大きな山になったのです。河や海はどんな細流も受け入れるからこそ、満々と水をたたえていることができるのです。**王者たるもの、いかなる人間をも受け入れる包容力を持ってこそ、立派な政治ができるのではありますまいか**」

そして、こう締めくくるのだ。

「他国者であるという理由だけで追放するのは、優秀な人材を他国へ追いやるばかりか、天下の人材が秦に来たる道を閉ざすことになるでしょう」

理路整然とした名文に秦王は深く納得し、「逐客の令」を撤回するのだった。

もし秦王が「逐客の令」を撤回せず、李斯を追放していたなら、秦の中国統一はなかったろう。李斯は秦王の〝懐刀〟として天下統一に向けて辣腕《らつわん》を振るい、紀元前

二二一年、ついに秦は中国を統一し、秦王は始皇帝と名乗る。さらに李斯は中国全土を郡と県に分け、中央集権的郡県制によって盤石の支配体制を確立するのである。

ちなみに李斯は思想統制政策として農業・医学・占いに関する書物以外のものをすべて焼き払い、始皇帝に従わない儒教学者約四百六十人を生き埋めにした。これが歴史上有名な「焚書坑儒《ふんしょこうじゅ》」と呼ばれるものである。

李斯は後世の批判を浴びるが、秦の中国統一においてもっとも大きな役割を果たした文官であり、歴史上屈指の宰相と言っていいだろう。

李斯は「王者」――すなわちリーダーの心構えとして《泰山は土壌を譲らず》と始皇帝に諫言《かんげん》（目上の人に意見すること）したが、「包容力」こそ、リーダーに限らず人間関係という難題をかかえて暮らす私たちすべてに必要とされる。

相性もあれば、好き嫌いもある。だが人間関係は、たとえて言えば〝絵の具〟のようなものではないだろうか。黒色は陰気で嫌いだからといって使わなかったなら、いい絵は描けない。一色より二色、二色より三色、三色より四色……と色を重ねることで素敵な絵に仕上がっていく。

不要な色など一つもないことを、始皇帝の故事は私たちに教えるのだ。

田舎学問より京の昼寝

人間は「一流なら手本、三流なら反面教師」

「一流になりたければ、一流の人間に会うことだ」

先輩から、そんなアドバイスをされた。

三十余年前、私が記者として駆け出し当時のことだ。なるほど、そんなものか——と目からウロコの思いで、つとめて一流の人間に会うようにしてきた。政治から文芸、スポーツまで多くの一流人間にインタビューしてきて、触発されたことはずいぶんある。一流になれずとも、これは私にとって大きな財産になった。

《田舎学問より京の昼寝》とは、「田舎でどんなに勉強しても書物の世界を超えることはできないが、都は見聞を広める事柄がたくさんあるので、ただそこにいるだけでも知識が身につく」という意味で、中国・漢代の『塩鉄論《えんてつろん》』を出典とする。

この書は塩・鉄・酒の専売について是非を論じた議事をもとに、官吏の桓寛《かんがん》が編著した政治討論集で、当時の社会・経済を知る重要な文献とされるが、そのなかに「学問は田舎より京である」といった記述が出てくるというわけだ。

都にはすぐれた学者がたくさん集まっているので、学問をするなら都に出よ——というのが本来の意味で、『塩鉄論』が日本に伝わったのは平安時代だが、やがて時代がくだるにつれ、「大望を成すなら大都会」という意味で使われるようになった。「田舎」を「三流人間」、「京」を「一流人間」に置き換えれば「一流になりたければ、一流の人間に会え」と同じになる。私はそういう意味で、このことわざを好んで口にしてきたのだが、五十も半ばを過ぎたころになって考えが少し変わってきた。

単純な疑問だが、このことわざに従えば、都会に住む人間は誰もが立派であるということになってしまう。「見聞を広める事柄」も、いいことばかりとは限らない。悪い誘惑も多く、身を持ち崩すのも都会のほうが圧倒的に多い。そんなことを深く考えていくと、このことわざの真意は、「田舎」と「都会」の比較ではなく、

「**良くも悪くも、多くの人と交わることで人間は成長する**」

ということを言っているのではないだろうか。

都会は人口が多く、全国からいろいろなタイプの人間が集まっている。一流の人に

接すれば手本とし、三流であれば反面教師とする。書物ではなく、この実体験の積み重ねが、人間をひと回りもふた回りも大きく成長させるのである。

このことを、「人は人中《ひとなか》、田は田中《たなか》」という。「田んぼは他の田に囲まれているのが良いのと同様、人もまた大勢のなかにあってもまれるのが良い」という意味で、《田舎学問より京の昼寝》と同じ意味になる。

どんな出会いも「自分の糧にする」法

「一流になりたければ、一流の人間に会え」は、「**一流だけでなく、二流にも三流にも会ってみよ**」というのが正しい処し方ではないだろうか、と五十も半ばを過ぎて思うようになったというわけである。

そのためには、周囲に流されない自分でなければならない。確固たる自分を持っていてこその〝京の昼寝〟だろうと考えるのである。

亀の甲より年の功

玄武・青龍・白虎・朱雀――「四神に守られる」生き方

親子といえども、絶対に譲り渡せないものがある。

「経験」だ。自分が経験してきたことは、話し聞かせることはできても、経験そのものを譲ることは不可能だ。「焼け火箸は熱いんだぞ」と教えても、その熱さがどれほどのものであるかは、**自分で実際に握ってみてはじめてわかる**のである。

だから江戸時代、商人はご隠居さんの豊かな経験を大事にした。

たとえば、真夏のぶっかき氷。天気予報などもちろんなく、いつ氷を仕入れるか、商人はご隠居さんの経験と勘を頼りにした。冷凍庫のなかった当時、氷はとても高価なもので、仕入れが早過ぎれば溶けてしまうし、遅れれば商売の盛りを逸してしまう。だから天候に関して経験豊かなご隠居は、商人たちに引っ張りだこだったのである。

ちなみに氷は氷室に貯蔵された。氷室とは、穴を掘った地中に天然の氷を積み、その上に籾殻《もみがら》や大鋸屑《おがくず》をかぶせた天然の冷凍庫で、温度の低い山間部につくられた。商人はこれを仕入れ、江戸市中の土蔵造りの氷室に保管して売ったのである。

《亀の甲より年の功》ということわざは、「**人間が年齢とともに積んだ人生経験や知恵は尊いもの**」という意味で、「長寿の亀」と「長生きの老人」を引っ掛け、さらに《亀の甲》と《年の功》の語呂合わせにしたシャレとなっている。なお、年の功の「功」は「劫」とも書き、きわめて長い年月のことを言う。

経験を尊ぶことわざは日本だけでなく、《The older, the wiser》《Years bring wisdom》《Age and experience teach wisdom》など英語圏にもたくさんあるが、「亀」を引き合いに出すのは日本だけである。これは単に語呂合わせというだけでなく、亀は日本や中国にとって〝特別な存在〟であったことと無縁ではない。

亀は長寿であることから、奈良時代以前は瑞祥《ずいしょう》の神と信じられていた。瑞祥とは、めでたいことが起こるという前兆のことで、カミ（神）が訛《なま》ってカメ（亀）になったとする語源説もある。

また古代中国では、神託の儀式として亀の甲羅を用いた「亀卜《きぼく》」が盛んに行なわれていた。亀卜は占いの一種で、亀甲（亀の甲羅）を火で焼いて、そこに生じる亀裂によって神意をうかがうものだ。単なる占いではなく、国家事業を行なううえで大切な指針にしたというから、〝亀の甲〟は、まさに「神のご託宣」だった。

亀卜が朝鮮半島から対馬・壱岐を経て日本に伝わるのは飛鳥時代で、大和朝廷は亀卜にたずさわる人々を組織し、対馬・壱岐・伊豆の卜占者《ぼくせん》を「三国卜部《うらべ》」として政治体制に組み込んだ。三国卜部は平安時代末期ころには解体したが、対馬では近年まで執り行なわれていた。

さらに風水では、**天の四方位をそれぞれ司る神獣**がいるとされ、玄武（北）・青龍（東）・白虎（西）・朱雀《すざく》（南）を「四神《しじん》」とするが、玄武という神獣は亀をかたどったものになっている。

ちなみに四神の存在にもっともふさわしい地勢や地形を「四神相応」と言い、背後に「山」、前方に「水《すい》」（海、湖沼、河川）、左右から「砂《さ》」（丘陵）で囲まれた形態を最上とし、都市づくりに用いた。

日本においては京都がその典型とされ、北が丹波高地、東の大文字山と西の嵐山が砂（丘陵）、かつて南にあった巨椋池《おぐらのいけ》が水となり、「背山臨水を左右から砂で守る」という風水に適《かな》ったものと言われる。

ともあれ、亀は二億数千万年前に地球上に登場して以来、現生種とあまり形態が変わらないまま生存してきたことから、昔の人が亀に神秘性を見て占いに用いたことは当然だったろう。

その〝亀の甲〟を引き合いに出し、先人は語呂合わせをもって〝年の功〟を尊しとした。**酸いも甘いも噛み分けてきた人生経験**こそ、何にも代えがたい社会共有の財産であるというわけだ。

ところが、科学万能の時代になって、経験を数値化するようになった。たとえば焼け火箸は、温度という数値化によって、触らずして「熱い」ということを知るに至った。戦争も、宇宙旅行も、恋愛も、そして心さえもバーチャルな世界で疑似体験し、それを「経験」としてわかったつもりになっている。

ここに、人間のおごりはないだろうか。現代を評して「人間疎外」「心の不毛の時代」と呼ぶのは、このおごりと無縁ではあるまい。

そう考えたとき、《亀の甲より年の功》ということわざの意味が、また違ったものに思えてくる。「経験」は絶対に譲り渡すことができないからこそ、私たちは先人の言《げん》に対して謙虚に耳を傾ける必要があると考えるのだ。

手功《てこう》より目功《めこう》

「木を見て同時に森を見る」能力を磨く

〝人生迷路〟に迷い込んだら、抜け出す方法は一つしかない。

高いところに上がって周囲を見回すことだ。そうすれば、おのずと抜け出る道筋が見えてくる。これを「俯瞰《ふかん》」というが、多くの人にはこの発想がなく、出口を探してただやみくもに歩き回るため、袋小路で進退窮まり絶望することになる。

「高いところ」というのはたとえで、**袋小路で迷ったときは視点を変えて見よ**ということだ。

視点を変えることの大切さは、たとえば、通販業界において「伝説の巨人」と言われる故・ジュリアス・ローゼンウォルド氏は、

「レモンを手に入れたらレモネードをつくれ。酸っぱいからといって捨ててしまうな」

という有名な言葉で語っている。

なるほどレモンは酸っぱい。それ自体、食材にはならない。だが、レモンの果汁にハチミツやシロップ、砂糖などで甘味をつけ、冷水で割れば、おいしいレモネードになる。寒いときは、冷水の代わりに熱湯を用いればホットレモネードにもなる。

これが「視点を変える」ということであり、**視点を変えることによってマイナス要因はプラス要因に転じる**というわけである。

ローゼンウォルド氏は、レモンを引き合いにしてビジネスの要諦を語ったが、これを〝人生迷路〟に置き換えるならば、袋小路に陥らないためには多様な視点——すなわち、広い視野を持つことが何より大事であるということになるだろう。

このことを教えるのが、《手功より目功》ということわざである。「手功」は手先が器用なこと、「目功」は作品などの巧拙を見極める鑑識眼のことで、「手先の熟練よりも、経験によって鑑識眼を養うほうが良い」という意味から転じて、

「スキルを磨くことも大切だが、広い視野を持つことはもっと大切である」

ということになる。たとえて言うなら、鋸《のこ》を引くことにおいて名人芸の大工であっても、家を建てるという視点（視野）がなければ、その技術は本来の意味において役に立たないということなのだ。

反対に、たとえ鋸が使えなくても、家を建てるという明確な視点があり、設計図が描けるならば、熟練の大工を引っ張ってくれれば家は完成する。その逆は真ならず、ということなのである。

「人生の視野をぐんと広げる」法

このことわざは江戸時代の俳人・石田未得《みとく》が詠んだ狂歌「手こうより　目こう成りけり　みだれ碁の　あやまりは猶《なお》　そばで見えぬる」に由来する。狂歌とは和歌の形式で、シャレや滑稽《こっけい》、風刺を目的とした短歌のことで、未得は「人生」を「碁」にたとえ、「対局者よりも、そばで見ている者のほうが形勢がよくわかる」と風刺した。《傍目八目《おかめはちもく》》や《傍観するものは審《つまび》らかなり》ということわざも意味は同じである。何事においても**当事者は目前のことに執着するため視野が狭く**なり、第三者のほうが的確な判断ができるということから、視野を広く持つことの大切さを教える。

鋸を引くことにこだわる大工より、傍《はた》で見ている施主のほうが、「家を建てる」という目的がよく見えているというわけだ。

視野を広く持つとは、いろいろな視点からものを見ることだ。そのためには、多くの人に接し、書物を読み、深く物事を考える習慣をつけることが大事だ。レモンという果実を手にしたとき、酸っぱいからといって捨てるか、ジュリアス・ローゼンウォルド氏がたとえたように、

（工夫次第でおいしい食材になるのではないか？）

という**別の視点を持つことができるかによって、人生は大きく変わっていく**。

三十代を〝単眼〟としたら、人生経験を多少とも積んできた三十代半ば以降の世代は〝複眼〟が持てるはずなのだ。

ところが、人間は、どうしても目先の損得や価値観にとらわれてしまう。《井の中の蛙《かわず》》や《木を見て森を見ず》など、視野を広く持つことをさとすことわざが多いのは、それだけ人間は目前のことに目を奪われて自分を見失うということなのだろう。

「だが、視野を広く持たなければ、人生の〝袋小路〟で進退窮まってしまうぞ」

と、石田未得は《手こうより　目こう成りけり》という狂歌でさとすのである。

河童《かっぱ》の川流れ

河童はなぜ「人の尻を食う」のか

人生や仕事でつまずくとしたら、それはもっとも得意とする分野だ。

不得手な分野は慎重に対処するが、得意分野は慣れているため、どうしても気がゆるみ、その結果、足元をすくわれるからである。

これを戒めたのが《河童の川流れ》で、「泳ぎが達者な河童でも、ときには水の勢いに流されることがある」ということから転じて、

「**どんな名人達人でも、油断すれば失敗する**」

という意味になる。

ちなみに河童という呼び名は「河（カハ）」と「童（ワラハ）」がくっついて「カハワラハ」となり、それが訛《なま》って「カッパ」になったともされる。身長が一メートル前後。口先がくちばし状にとがっていて、頭上の皿と呼ばれるくぼみに少量の水を蓄え、

背中は亀のような甲羅で覆われ、手足には水掻《か》きがある。頭上の皿が弱点で、乾いたり割れたりすると死んでしまうとされる。

想像上の生き物とされる一方、民俗的伝説も多い。

たとえば「左甚五郎《ひだりじんごろう》」にまつわる伝説だ。左甚五郎は江戸初期に活躍したとされる伝説的な彫刻職人で、日光東照宮の〝眠り猫〟で知られるが、その彼が築城の際、人手が足りないため、木っ端やわらでつくった人形に生命を吹き込んで手伝わせた。

ところが、城が完成してしまうと、わら人形が不要になり、処置に困った左甚五郎が川へ捨てようとしたところ、

「私はこれから何を食べていけばいいのか」

と、わら人形が尋ねた。

これに対して左甚五郎が、

「**人の尻を食らえ**」

と答えたことから、河童は川に棲《す》み、水辺を通りかかったり、泳いだりしている人を水中に引き込み、尻から腸を抜くという伝説が生まれたとされる。

なぜ左甚五郎が「人の尻を食らえ」と言ったか定かではないが、おそらくこれは、

左甚五郎が、彫刻に〝命を吹き込む〟ほどの技量の持ち主ということから生まれた伝説なのだろう。

いずれにせよ河童は泳ぎが得意で、一説には潜水時間は十二時間におよぶとされる。その河童ですら油断すれば川に流されると、このことわざは教えるのである。

高所での建設作業を専門とする鳶《とび》職は、足を踏み外せば命にかかわる危険な職業だ。だから油断を大敵として仕事に臨むわけだが、事故は低いところほど起こりやすいとベテランたちは口をそろえる。

高いところでの作業は緊張しているから足場を踏み外すことはめったにないが、低いところだとつい気がゆるむため、足をすべらせて落ちることがあるのだと言う。

「低いところでの作業が一番危ない」

という彼らの戒めは、まさに《河童の川流れ》と同義ということになるだろう。

このほか**得意分野での慢心や油断**を戒めることわざは多い。《泳ぎ上手は川で死ぬ》《猿も木から落ちる》《弘法にも筆の誤り》《釈迦にも経の読み違い》《天狗の飛び損ない》……と、いくらでもある。

それだけ、得手で失敗するということなのだ。

水広《みずひろ》ければ魚大《うおだい》なり

部下を見れば「上司の能力」がすぐわかる！

無能な上司の下で働く部下は、たいてい無能なものだ。

これまでいろいろな組織を見てきて、つくづくそう思う。部下をいかに育てるか、あるいは部下の潜在的能力をいかに引き出すかは上司の手腕であるにもかかわらず、無能な上司はそのことを省みることなく、部下の不出来を嘆く。「子を見れば親がわかる」というが、部下を見れば上司の能力がわかるのだ。

このことから、部下を「魚」と「樹木」に、上司を「水」と「山」にたとえ、「川が広く深ければそこに棲《す》みつく魚も大きく、山が高ければそこには大きな木が茂る。人間社会もそれと同じで、**上に立つ者の度量が大きければ、そこには有能な人材が集まり、そして育つ**ものだ」

と〝上司の心構え〟を説くのが、《水広ければ魚大なり、山高ければ木脩《なが》し》ということわざである。出典は中国古典の『淮南子《えなんじ》』。前漢の皇族だった劉安《りゅうあん》が学者を集めて編纂《へんさん》させた思想書である。

《水広ければ魚大なり》は、《水広ければ魚遊ぶ》とも言う。〝魚遊ぶ〟とは、広い川や海で魚が自在に泳ぎまわるという意味から転じて、下の人間が存分に能力を発揮することを言う。

ことわざが歴史を超えて説得力を持つのは比喩《ひゆ》の巧みさにある。上司と部下の関係を「魚」と「水」にたとえるからこそ、「なるほど」と腑《ふ》に落ちて納得するわけで、万人が納得する比喩がなければ、どんな立派な教えも退屈な説教になるだろう。

たとえば「魚」と「水」を比喩に用いた故事に、次のようなものがある。

中国・戦国時代、靖郭君《せいかくくん》が、仲の悪い兄の斉《せい》王・田斉《でんせい》から領地を与えられ、ここに城壁を築こうとしたときのことだ。

側近や食客たちが築城をやめるよう諫《いさ》めたため、靖郭君は立腹して彼らの面会を禁じた。食客とは、貴族たちが才能のある人物を客として遇し養う代わりに、主人を助けるという風習で、力のある人間は三千人もの食客をかかえる者もいた。

で、ある日のこと。食客の一人が、

「三言《みこと》だけ申し上げさせてください。それ以上、ひと言でも多くしゃべれば、私を釜《かま》茹《ゆ》でにし、煮殺してもかまいません」

これを聞いた靖郭君は「面白いやつ」とでも思ったのだろう。この者に会ってみることにした。

面会を許された食客はおもむろに進み出ると、

「**海・大・魚**」

と、約束どおり三言だけ告げて、すぐにその場を走り去ろうとした。

「待て！　ここに戻られよ」

靖郭君が引き止めた。

「いえ、これ以上進言して、釜茹でになりたくはありません」

「わかった。前言はなかったことにするゆえ、くわしく述べられよ」

「では」

と、食客は居住まいを正して、

「大魚は網にかけて捕らえることも、釣り針にかけて捕らえることもできません。しかし、それほどの大魚でも、水がなくなってしまえばアリや昆虫の餌食《えじき》になるだけです。今のあなたは大魚で、斉という国は水にほかなりません。斉が安定していれば、自分の領地に城壁は必要ありません。城壁を築き、それが天に届くまで高いものであったとしても、それは無益でしょう」

靖郭君が斉に影響力を持ち、良好な関係でありつづければ、大海に泳ぐ大魚のごとくいられるだろうが、斉という〝水〟を失ってしまえば干上がった大魚と同じで、城壁など何の役にも立たない――と進言したのである。これに靖郭君は深くうなずき、城壁を築くのを取りやめたのだった。

部下の無能を嘆く前に、上司の度量のなさを批判する前に、上司は「**自分は部下にとって広い水になっているだろうか**」と自問し、部下は「**自分は大魚たりうるだろうか**」と自問する。この謙虚さが何より大切だろうと、私は思うのである。

「大きな存在」になる法

気は長く勤めは堅く

怒ると「寿命が一つ縮まる」

寿命は性格が大きく左右する。

温厚な人ほど長寿で、神経質はその逆だ。これは二〇〇七年、アメリカのパーデュ大学とボストン大学のグループが調査したもので、結果は専門誌『心理科学』（電子版）に報告された。

調査の方法は、アメリカの中高年男性千六百六十三人の性格の変化について、最長十二年にわたって追跡。調査開始時にくらべて「神経質になったグループ」と「穏やかになったグループ」に分け、十八年後の死亡率を統計処理を用いて比較したものだ。

その結果、「神経質グループ」の半数が死亡していたのに対し、「穏やかグループ」の生存率は実に七十五〜八十五パーセントに達したとする。

このことから、パーデュ大のダニエル・ムロツェック准教授は「神経質な性格の度合いは、その人の寿命を測る物差しとなる。血圧を下げようと心がければ心臓発作のリスクが減るように、性格を丸くしようと考えれば死を避けられる」とメディアにコメントしている。

神経質な人は短気で、ちょっとしたことで腹を立てたりイライラしたりする。中国に《一笑《いっしょう》一若《いちじゃく》一怒《いちど》一老《いちろう》》という格言があるが、怒るたびに老い、寿命を縮めるということが統計的に証明されたということになる。

だが、今から三百数十年前、「長生きしたければ温厚であれ」と長寿の秘訣を説いた人がいる。徳川家康の孫にして二代水戸藩主の徳川光圀《みつくに》——かの水戸黄門である。

《気は長く勤めは堅く色薄く食細うして心広かれ》

という処世訓がそれで、テレビドラマでおなじみの〝ご老公〟の口調を借りれば、

「イライラしないで万事、のんびり構えていなさい。しかし怠惰はいけませんぞ。額に汗して真面目にお働きなさい。そして、色恋も食事も貪《むさぼ》ることなくほどほどに控え、**何事にもこだわらず、心を広く持って毎日を過ごせば、長寿は間違いなし**」

ということだ。黄門は一線を退いて以後、西山荘《せいざんそう》（現、常陸太田市）に隠棲《いんせい》するのだが、床の間にこの文言が書かれた軸を掛け、健康に留意しながら七十三歳という当

時にしては長寿をまっとうする。

テレビドラマの影響で、水戸黄門は諸国をめぐる勧善懲悪の〝ご老公〟としておなじみだが、藩主当時、殉死の禁止や社寺改革、さらに『大日本史』を編纂《へんさん》するなどの偉業を残し、伝記史料においても名君とされている。

それだけに庶民のあいだでも人気があり、亡くなったときには《天が下　二つの宝つきはてぬ　佐渡の金山　水戸の黄門》という狂歌がはやった。

ちなみに「黄門」というのは中国の官職名（唐名）で、光圀の武家官位（身分）であった中納言職がそれに当たることから、そう呼ばれた。身分制社会であった当時、目上の人間に対しては姓名で呼ぶことが許されなかったため、徳川光圀の出身である「水戸」と、官職名の「黄門」から「水戸黄門」と世間では呼んだのである。

こうした光圀の人気にあやかり、幕末になって講談師が創作して大当たりしたのが『水戸黄門漫遊記』である。内容は、光圀が諸国を漫遊して世直しをするというもので、現在の〝黄門ドラマ〟の原型になっているが、お供は当初、俳人になっている。

これが助さん、格さんに取って代わるのは明治時代に入ってからで、大阪の講釈師・玉田玉智《たまだぎょくち》が話をふくらませるためにそうしたのだった。こうしてみると、〝黄門様〟は江戸時代から明治、大正、昭和、平成とじつに百五十年を通じて庶民のヒーローであったということになる。

その黄門様が「長生きしたければ温厚であれ」と説くのだ。では、黄門様のこの健康観がどこからくるのか掘り下げていくと、祖父・徳川家康に行き着く。

家康は無類の〝健康オタク〟で、粗衣粗食を心がけ、麦飯を常食し、味噌を好んだとされる。病気らしい病気もせず、壮健のまま七十五歳の長寿をまっとうするのだが、その家康の遺訓の一節に《堪忍は無事長久のもと、怒りは敵と思え》というのがある。

これは「**一時の怒りから軽率な行動を取ってはならない**」という世渡り術として読み解かれるが、家康の〝健康オタク〟ぶりを考え合わせると、「怒るな。温厚で気を長く持ってこそ健康で長生きできるぞ」という意味も読み取れるのである。

黄門様は、祖父が遺訓において何を伝えようとしたか、深く考えをめぐらせたことだろう。世代によって読み取る内容は当然変わっていっただろうが、人生を俯瞰《ふかん》して見る年齢になって「心の持ちよう」をこの遺訓に見たのではないだろうか。

《気は長く勤めは堅く色薄く食細うして心広かれ》

という温厚な生き方こそ、豊かな人生を送るコツなのだろう。

4章

あせらない

「浮き世は回り持ち」
「待てば海路《かいろ》の日和《ひより》あり」
「楽人楽《らくじんらく》を知らず」
——どっしり構えて、幸運を待つ
故事・ことわざ

禍《か》福《ふく》は糾《あざな》える縄《なわ》のごとし

人生は、「山あり谷あり」でなく「山は谷」と考える

人生、いいときもあれば悪いときもあるさ――。世間の荒海にもまれてくると、こんなセリフが自然と口をついて出てくる。

実際、人生というやつは山もあれば谷もある。

汗してのぼった山頂から眼下を見おろして、満足感に心を遊ばせることもあれば、一転して暗い谷底に落ち込み、気が狂うような絶望感におそわれることもある。こうした経験を大なり小なり積んでくると、人生は自分の意志とかかわりなく、遊具のシーソーのように、ギッタンバッコンと幸福と不幸を上下していることがわかってくる。

私も三十代半ばにはそう思い、達観したつもりでいた。だが、さらに齢《よわい》を重ね、深く人生を見つめる年代になると、なるほど人生には山も谷もあるが、**山頂だと思って有頂天になっていた場所がじつは谷底であり、谷底だと絶望していた場所が、じつは**

山頂であったということに気がつく。

《禍福は糾える縄のごとし》とは、このことを教えることわざで、「わざわい（禍《わざわい》）が福となったり、福がわざわいのもとになったり、人間の幸福と不幸、成功と失敗は縒《よ》り合わせた一本の縄のようなもの」という意味になる。

「縒り合わせた一本の縄」とは、たとえば神社の〝しめ縄〟を思い浮かべていただければわかるように二本の縄を絡ませて編んだもので、この二本は不可分の関係にある。

すなわち幸不幸はシーソーのように単純に上下して入れ替わるものではなく、幸せが不幸の原因になったり、不幸が幸せの原因になったりと、両者は表裏の関係にあることから、「**幸不幸に一喜一憂してはならない**」と、このことわざは教えるのだ。

出典は、中国・前漢朝について記した歴史書『漢書《かんじょ》』で、このなかに、学者にして政治家だった賈誼《かぎ》が自分の半生を振り返って詠んだ「わざわいと福、何ぞ糾える縄に異ならん」という一節がある。

賈誼は、前漢の皇帝にその才が認められ、最年少の博士（官職の一つ）として抜擢。同年、太中大夫に昇進。さらに皇帝は、賈誼を公卿にしようとした。順風満帆、まさに人生において〝山頂〟の時代だ。

ところが周囲はこれを妬《ねた》み、賈誼は策略によって現在の湖南省長沙市へ左遷させられる。そして三年余、不遇の〝谷底〟の時代を過ごしたのち、再び皇帝の信任を得て返り咲く。

賈誼はこの半生を顧みて、「わざわいと福、何ぞ糾える縄に異ならん」と〝人生の実相〟を喝破《かっぱ》し、これが《禍福は糾える縄のごとし》ということわざとして、現代に教訓として生きつづけているというわけだ。

すなわち人生は、「山あり谷あり」ではなく、「山＝谷、谷＝山」なのだ。

「いいときもありゃ、悪いときもあるさ」

とシーソー的な考えで自分を慰めるのではなく、幸福のときにあっては、

「いつまでもいいときは続かない」

と有頂天を戒め、不幸のときにあっては、

「この不遇がバネになる」

と、来《きた》る日を心待ちにする。

幸福と不幸、成功と失敗というように両者が対立するものではなく、まさに〝糾える縄〟であると考える人生に、不幸はないのである。

果報《かほう》は寝て待て

「のんびり昼寝をしながら結果を待つ」境地

寝食を忘れて努力したからといって、必ずしも報われるとは限らない。

これが人生の現実である。

だが私たちは、努力すれば報われると信じている。いや、そう信じているからこそ、寝食を忘れた努力もできるのだ。だから成果が遅々として現われないとなれば、イラ立ち、あせりをおぼえるのは当然だろう。

「でも、それは意味のないことで、イラ立ちが逆に弊害になることだってありますよ」

とさとすのが、《果報は寝て待て》ということわざだ。

このことわざの意味は、

「幸運は自分の力で求めようとしても得られるものではないから、**あせらず運が向いてくるを待つのが良い**」

と一般的に解釈されているが、これでは説明が舌足らずだろう。だから「寝て待て」という部分だけが都合よく切り取られ、その背後にある「努力」が忘れられてしまっているのである。

正しい解釈は、

「まず、精一杯の努力をすること。そして努力したら結果は天にまかせ、のんびり昼寝でもしていなさい。自分はやるだけやったのだ——と気持ちを切り換えれば、結果に対する不安はなくなります」

というものであり、さらに言えば、

「のんびり昼寝して結果を待つ心境に至るには、もうこれ以上はがんばれないというほどの努力が必要である」

ということでもあるのだ。努力は報われるとは限らないが、結果はどうあれ、「全身全霊を傾注してやりきった」という達成感こそ、**今後の豊かな人生にとって大きな財産になる**と私は思うのである。さしたる努力もせず、結果だけを漫然と期待する人間は、寝て待つ心境になどなれるわけがないのだ。

このことわざは、じつは仏教の教えをもとにしたものだ。「果報」という言葉がそれで、果報とは「因（原因）から生じる果（結果）」のことを言う。

たとえば花は、種がなければ咲かない。だが、種があるだけではだめで、土や水や光など、いろいろな環境条件によって咲く。

このことから種が「因」で、土や水など環境条件が「縁」、そして咲いた花が「果報」となり、これを〝**因縁因果の法**〟と仏教では教える。花を一例として、この世の中に存在するすべてのものは、原因と結果で成り立っているとするのが、仏教の根本教義なのである。

「因果を味方につける」法

この考え方からすれば、寝っ転がって果報を待つには、努力という「因」が必要になるわけだが、事はそう単純ではない。じつは、これから述べることに、「寝て待て」ということわざの真意がある。

たとえば、「努力したから、いい成果が得られる」という考え方を「単因論」と言う。努力＝成果である。原因が一つという意味だ。

しかし、ひと口に努力と言っても、周囲の協力や環境など、いろいろな要素によって努力の中身は変わってくる。たとえば電車のなかで寸暇を惜しんで勉強していたら隣席の赤ちゃんが泣きはじめ、イライラして集中できないとなれば、「隣席」「赤ちゃん」、さらにその電車のその席に座るに至った経緯など、無数の要素が絡まってくる。

つまり、世の中はすべて、原因が結果を生み、その結果が原因となり、さらに結果を生み……というように、無数の因果が複雑に絡まり合っているということなのである。このことを踏まえて《果報は寝て待て》を読み解くと、

「なるほど、あなたは努力した。それは結果にとって大いにプラスだ。だけど人生は、**努力＝成果というように単純なものではない**。だから、やるだけやったら、後は天にまかせ、心穏やかに過ごせばいい」

ということになる。

努力が無意味というのではない。「こんなに努力したのに」という単因論に陥ると、それは結果として自分を苦しめる人生になると、このことわざは教えるのだ。

砂《いさご》に黄金《こがね》、泥《でい》に蓮《はちす》

「逆境にびくともしない人間になる」言葉

東京を流れる多摩川で砂金が採れると聞いて、あなたは信じられるだろうか。私も耳を疑ったが、実際に採った写真を見て納得した。ポイントによっては粒状になった砂金も見つかるという。

しかも、装備と言えば園芸用のスコップにバケツ、ゴム手袋、そしてフライパンの柄《え》のない形をしたパンニング皿があれば良い。一級河川の、それも大都会をくだる川底に砂金が混じっていようとは驚きではないか。

あるいは、ハスの花。あの清楚で美しい花が泥水に咲こうとは、実際にこの目で観賞しながらも信じがたい思いがする。先人も思いは同じと見えて、これらの事実から生まれたことわざが《砂に黄金、泥に蓮》である。

意味は二通りに解釈される。一つは「**つまらないもののなかに、思いがけずに良い**

ものが混じっている」という〝幸運〟を表わす解釈。

もう一つは「**どんな劣悪な環境にあろうとも、それに染まらずに清らかさを保っているものがある**」という人生訓としての解釈だ。前者の解釈は「砂金」が、そして後者のそれは「蓮」が象徴しているということになる。

砂金は今も日本全国で採れ、北海道から九州まで各地に〝砂金採り体験〟の施設がある。では、なぜ川で砂金が採れるのだろうか。

それは太古の昔、地殻変動によって地表に現われた鉱物が雨や川に削られ、砂や泥に混じって下流へと流されていくなかで、他の鉱物は化学反応を起こして自然消滅してしまうが、金だけが化学反応をしないため、そのまま砂金として残る。

さらに、金はとても重い金属で、比重が水の二十倍、鉄の七倍もあることから、砂状の粒子であっても浮遊することなく、川底に沈殿するというわけだ。

金は、指輪やネックレスなど私たちに身近な存在だが、金鉱石一トンに対して十グラム採れるかどうかという貴重なものだ。その金が、たとえ砂金であろうとも、川底をザルですくうだけで採れたとしたら、これはなるほど〝幸運〟ということになるだろう。

川底の砂を「人間」に、砂金を「人脈」に置き換え、「**有用な人脈はどこに混じっているかわからないのだから、人間関係は大事にすべきだ**」と読み解くならば、砂金のたとえは処世訓になる。

次にハスである。語源は、果托《かたく》（実）が蜂《はち》の巣に似ていることから古くは「ハチス」と呼ばれ、それが省略されて「ハス」になったとされる。別名「水芙蓉《すいふよう》」「芙蓉」「不語仙《ふごせん》」「池見草《いけみぐさ》」「水の花」などと称される。また、地下茎は野菜のレンコンとなる。

ハスの花のことを「蓮華《れんげ》」と呼ぶが、これは仏教とともに日本に伝わってきたものだ。泥水を煩悩、そこから咲く清らかな蓮華を悟りの世界に見立て、蓮華に宗教的な意味を持たせたのだ。また伝承によれば、釈迦が誕生したとき、ハスの花が開いてその瞬間、到来を告げたとされる。

ちなみに『阿弥陀経』という経典は、極楽浄土の世界を説いたものである。

この一節に「池の中に蓮華あり、大きさ車輪の如《ごと》し、青色には青光《しょうしき》《しょうこう》あり、黄色《おうしき》には黄光《おうこう》あり、赤色《しゃくしき》には赤光《しゃくこう》あり、白色《びゃくしき》には白光《びゃくこう》ありて微妙《みみょう》香潔《こうけつ》なり。極楽国土にはこのような功徳荘厳《しょうごん》を成就せり」と説かれている。二千五百年前――釈迦の時代から蓮華は特別な意味を持った花であったことがわかる。

「一蓮托生《いちれんたくしょう》」という言葉は「結果はどうなろうと、行動や運命をともにする」という意味に使われるが、本来は仏教の言葉で、「信心を持つ人は死後、極楽の同じ蓮華の上に生まれ変わる」という教えなのである。

お寺にお参りする機会があれば、ぜひ如来像の台座を見ていただきたい。台座は蓮華をかたどったもので、それを「蓮華台」とか「蓮座《れんざ》」と呼ぶ。

以上のことから、《砂に黄金、泥に蓮》ということわざは、「何の変哲もない砂のなかにこそ黄金があり、汚れた泥のなかにも清らかな悟りの花が咲く」というのが正しい解釈となるが、これを現実生活に引き寄せ、

「**逆境にびくともしない人間であれ**」

と読み解くこともできる。

人生の〝折り返し〟が近くなってなお、恵まれない境遇にあろうとも、それを嘆かず、黙々と川底の砂をすくっていれば必ず砂金は採れる。もがき苦しむような逆境にあろうとも、希望を失うことなく泥水の底から青空を仰ぎ見て努力すれば、やがて蓮華のごとく美しい人生の花を咲かせるにちがいない。

浮き世は回り持ち

幸運は「順番待ち」。いつかはめぐってくる

苦境に陥ったら、じたばたしないでニコニコ笑って過ごすのが賢い人間の処世術だ。人生は〝天気〟のようなもので、晴れたり曇ったり、ときに大雨、大雪に見舞われることもある。天気が悪いときはじっと回復を待つしかないのと同じで、人生も苦境のときは、**右往左往しないで好転を待て**――と教えるのが、《浮き世は回り持ち》ということわざだ。

「この世の貧富、幸不幸、苦楽などの諸相は、人から人へと移っていくもので、けっして一つのところにとどまるものではない」という意味から、

「のんきに構えていれば、いずれ順番で幸運がめぐってくる」

ということである。

出典は江戸時代、井原西鶴が著した『世間胸算用』だ。これは「浮世草子」という

小説の一形態を取っており、西鶴は『好色一代男』で先鞭《せんべん》をつけ、元禄期を最盛期として一大ブームを起こした。

ちなみに『世間胸算用』は、一年の最後の日である大晦日《おおみそか》に焦点を当て、町人たちの支払いをめぐる〝やりくり〟を悲喜劇として描いたもので、このなかに「金は浮世《うきよ》の廻《まわ》り持ち」という言葉が出てくる。

「浮き世」という言葉は、現代では「浮き世のしがらみ」などと軽い調子で用いられているが、語源は「憂き世」。「憂き」は「苦しい、つらい」の意味で、戦乱の世が続く平安時代において「つらいことが多い世の中」という意味で使われた。

こうした時代を背景とし、平安時代から鎌倉時代にかけて天台宗、真言宗、浄土宗、臨済宗、浄土真宗、曹洞宗、そして日蓮宗と、次々と仏教宗派が興り、仏教の説く無常観から現世を「仮の世」――すなわち「はかない世の中」と受け止めるようになっていく。「憂き世」は漢語の「浮世《ふせい》」に取って代わるのである。

そして、太平の江戸時代になると、「どうせ、はかない世なら、楽しく浮かれて暮らそうじゃないか」と、庶民のあいだに享楽的な人生観が広まって、「浮き世」は一転、「享楽」の意味で使われるようになっていくのである。

こうして「浮き世」という言葉の変遷をたどり、その意味を深く考えてみると、この言葉は「時代」を表現しているように見えて、じつは私たちの人生そのものを語っていることに気づく。すなわち、つらいこと、楽しいこと、貧富、幸不幸など、人生は当人の意志を超えたところにあり、ひと筋縄ではいかないということなのである。

だから、あわてず、あせらず、「待て」と、このことわざは教える。《回り持ち》とは「順番に受け持つこと」「輪番」「回り番」といった意味であることから、西鶴は遠く江戸時代から時空を超え、

「福の神の到来を心待ちにしながら暮らす日々は、それはそれで楽しいもの。今のあなたでいいんだよ」

と私たちにメッセージしてくれているのだ。

不運に「まったく動じない」法

陰徳《いんとく》あれば陽報《ようほう》あり

三十五歳から「人生の品格」が高まる習慣

人に親切にして、感謝されなかった経験は誰でもあるだろう。

たとえば電車でお年寄りに席を譲り、当然のような顔をされれば気分のいいものではない。お礼ぐらい言えよ——と、ムッとすることもある。勝手に席を譲っておいて感謝を求めるなど、考えてみれば乱暴な話だが、人間は誰でも自分の〝善行〟に対して「感謝されたい」「誉められたい」という欲求を持っているものだ。

だから善行は吹聴したくなる。パフォーマンスに長《た》けた人は、ほんのちょっとした善行であっても、それを何倍にもアピールすることで世間の評判を得ようとする。反対に世渡りの下手な人は、それがどんなに素晴らしい善行であっても、万事控えめであるため周囲が気がつかないこともある。

だが、その善行が誰にも知られていなくても、やがて必ずや世間の認めるところとなって素晴らしい報《むく》いがあると、ことわざは教える。

《陰徳あれば陽報あり》というのがそれで、陰徳は「誰にも知られず行なう善《よ》い行為」、陽報は「ハッキリと現われる報い」の意味から、**「人知れず善いことを行なう者は、すぐに世間に認められなくても、いずれ必ず報われる」**ということになる。

出典は、中国・前漢の時代、淮南王《わいなん》・劉安《りゅうあん》が学者を集めて編纂《へんさん》させた思想書『淮《え》南子《なんじ》』である。これは全二十一巻から成り、このことわざが出てくるのは巻十八「人《じん》間訓《かんくん》」で、次のような故事で語られる。

中国・戦国時代――。のち、楚《そ》の宰相になる孫叔傲《そんしゅくごう》が子供のころのことだ。遊びに出ていた孫叔傲が泣きながら家に帰ってきた。

「どうしたんだい？」

母親がわけを聞くと、

「私は〝両頭のヘビ〟を見てしまったのです」

と孫叔傲が泣きながら答えた。

両頭のヘビは「枳首蛇《ししゅだ》」と呼ばれ、突然変異とも伝説上の生き物とも言われ、小指くらいの太さで長さは三十センチほど。両端にそれぞれ頭があり、背中は錦の模様で、腹は鮮やかな赤色をしている。村の言い伝えによると、このヘビを見た者は数日中に死ぬとされ、それで孫叔敖は泣いて帰ってきたというわけである。

「それで、ヘビは今どこに？」

「殺して土に埋めました。ほかの人が見るといけないと思って……」

死ぬのは自分一人でいい、このヘビをほかの人に見せてはならない——という思いから、孫叔敖は恐怖と戦いながら打ち殺したのだった。

母親は大きくうなずくと、やさしく笑みを浮かべながら、

「おまえはけっして死にはしない。昔から〝陰徳あれば陽報あり〟と言うではないか。おまえのやったことは立派な陰徳です。死ぬどころか、きっと陽報があるでしょう」

そして歳月は過ぎ、孫叔敖は楚の宰相にのぼりつめる——というのが《陰徳あれば陽報あり》の故事として語られる。

「徳」とは、道徳的な意味で「人のためになる」ことを言い、「陰徳」と「陽徳」の二種類がある。

陽徳は、相手や世間にわかるような善行のことで、たとえば電車の乗り降りのときに身体が不自由な人に手を貸してあげたり、老人ホームの慰問をしたり、その善行が

明らかになっているものだ。だから、相手から「ありがとう」と感謝され、周囲から「素晴らしい」と賞賛される。

一方の陰徳は、先に紹介した故事のように人知れず行なう善行で、たとえば匿名で慈善の寄付をしたり、通学路に穴ぼこが空いているのをそっと直したりするのが、それに当たる。もちろん陽徳も陰徳も尊いことだが、ことわざはなぜ陰徳を強調し、それには素晴らしい結果がついてくるとするのだろうか。

結論から言えば、**人間としての信用**である。

「感謝されたい」「認められたい」「誉められたい」という〝見返り〟と無縁の善行であるがゆえに、それが何かのきっかけで世間の知るところになったとき、世間はその人間性に深く感動し、それが信用になっていくというわけである。

かつて陰徳は、日本人の美徳の一つとされた。善行は人知れず行なうもので、これ見よがしに行なうのは売名行為として蔑《さげす》まれた。陽報はなくとも、そうするのが人間として当たり前のことだった。

それが、今はどうだろう。賞賛を求めて、十のものを二十にも百にも吹聴して回る。陰徳にこそ人間としての品格を、私は見る。

金《かね》は三欠《さんか》くに溜まる

性悪説・荀子が説いた「富豪になる三角術」

夏目漱石の名作『吾輩は猫である』に、こんなセリフがある。

「ところがその金と云う奴が曲者《くせもの》で、――今もある実業家の所へ行って聞いて来たんだが、金を作るにも三角術を使わなくちゃいけないと云うのさ――**義理をかく、人情をかく、恥をかく**。これで三角になるそうだ面白いじゃないかアハハハハ」

漱石は実業家にこう言わせている。三角術とはsin（サイン）、cos（コサイン）、tan（タンジェント）を用いる三角関数のことで、三角の「角」（かく）と「かく」を掛詞にしたユーモアになっているわけだ。

不朽の名作だけに、蓄財法としての三角術は、漱石の名言のように扱われているが、原典は中国の思想書『荀子《じゅんし》』第二十七「大略篇」のなかの次の言葉だ。

「民の語に曰《いわ》く、富を欲するか、恥を忍べ、傾絶せよ、故旧を断て、義と分かれて背け」

お金を溜めるには、人としてなすべきこと——すなわち義理・人情・交際の三つを欠くことである、と荀子は説くわけだ。

荀子は紀元前三世紀、中国・戦国時代末期の思想家で、孟子《もうし》の説く性善説を批判し、「人間の本性は悪《あく》で、学問を修めることによって善に向かう」とする性悪説を唱えた。ここで言う「悪」とは「限度のない欲望」のことで、荀子は**人間の本質を冷静に見つめるリアリスト**と言っていいだろう。

その荀子が、お金を溜めたければ〝三欠く〟でなければだめだと言うのだ。

言われてみればもっともなことで、冠婚葬祭はもとより忘年会、歓送迎会、誕生会、同窓会、各種祝賀会、葬儀……等々、義理と人情が次から次へと押し寄せてきて、そのたびにお金を包む。これが「世間のつき合い」というやつで、これらのいっさいを断てば、なるほどお金は溜まるはずだ。

実際、とことんケチに徹して財を成した歴史上の人物がいる。江戸末期から明治にかけて活躍した三重県桑名の商人で、穀物取引で成功し、のちに日本一の山林王となる諸戸《もろと》清六《せいろく》だ。

清六は大地主の家系に生まれながらも、父が商売に失敗。十八歳で家督を継いだ清六に残された財産は、二十石積の船一隻と一千両を超える莫大な借金であった。

このとき清六は「今に見ていろ」と決意、「心得二十箇条」をつくって一心不乱に働き、米相場で財を成して、わずか二年で借金のすべてを返済するのだが、この生活信条がすさまじい。

一部を意訳で紹介すれば、

一、忙しいときは食べないこと。一度や二度食べないからといって空腹をおぼえるようでは、金は溜まらない。

一、遠くへ出かけるときは、小石の多い道だけ草鞋《わらじ》を履き、平坦な道は裸足《はだし》で歩いて草鞋を大事にすること。

一、川を渡るときは、渡し賃を払うのは無駄。寒いときは別として、衣類をまとめて泳いで渡ること。

さらに「時は金なり」として、

一、ご飯が熱いと食べるのに手間取るので、これは時間の無駄。ご飯はすべて冷や飯にしておいて食べること。

一、昼飯は、時間を節約するため、ひと口大の握り飯を二、三個つくっておいて、
仕事の合間に食べること。

すさまじいまでのケチぶりだが、清六が財を成しただけの人間であれば、世間は嫉《しっ》妬《と》から清六の〝三欠く〟を冷笑しただろう。ところが清六は、治水事業の一環として植林を行なったり、学生への学費援助、さらに水道を敷設するなど地元に貢献することで賞賛されるのである。

すなわち、荀子も漱石も触れてはいないが、世間から後ろ指をさされるのは〝三欠く〟という**お金の溜め方ではなく、むしろ使い方にある**ということになる。《金は三欠くに溜まる》ということわざの真意は、「溜めた後にどう処するか」ということにあるものと、深読みできるのだ。

お金で「人格を高める」法

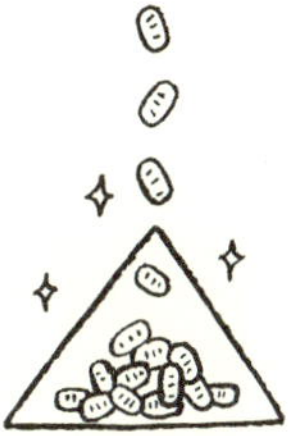

花《はな》は半開《はんかい》、酒はほろ酔い

「五分咲き」を「満開」同様に楽しむ心得

酒色に溺《おぼ》れ、一国を亡ぼした王の話から始めよう。

今から二千数百年前、中国の黄河中流域に殷《いん》という国があった。約六百年にわたって続くのだが、第三十代にして最後の皇帝となる紂王《ちゅうおう》が妲己《だっき》という美女に溺れる。紂王は彼女の言いなりになって暴政を行なう一方、日夜宴会を開いて遊び呆《ほう》けた。

その宴会たるや贅《ぜい》を極めたもので、後世になって中国の歴史書『史記』は「酒を以て池となし、肉をかけて林となす」と記す。大量の酒を溜めて「池」とし、おびただしい肉を天井から吊るして「林」に見立てる――という豪奢《ごうしゃ》な宴会が繰り広げられたのである。

ちなみに、ここから《酒池肉林》という言葉が生まれる。一説によると、〝酒池〟は故事ではなく、実存したとも言われる。殷の都があった河南省の遺跡で発見された石造りの人工池がそれで、長さ百三十メートル、幅二十メートル、深さ一・五メートル。ここに酒を満たしたというわけだ。

真偽は措《お》くとしても、紂王の酒色に民衆の心は離反し、そこを衝《つ》いた周の武王に紂王と妲己は討たれ、殷は滅亡する。

酒は「百薬の長」とも「百毒の長」とも言われる。うまくつき合えばストレス解消など〝百薬〟となり、深酒すれば、健康を害したり人生につまずいたりの〝百毒〟にもなる。紂王のごとく一国を亡ぼすことだってある。

このことから、処世訓として知られる中国古典の『菜根譚《さいこんたん》』は《花は半開を看《み》、酒は微酔《びすい》に飲む、此《こ》の中に大いに佳趣《かしゅ》あり》とさとす。

「佳趣」は「素晴らしい味わい」といった意味で、「**桜の花は五分咲きが美しく、酒はほろ酔いかげんに飲むのがちょうど良い**」というわけだ。飲み過ぎれば醜態をさらすし、花も満開を境にして散りはじめ、次第に無残な姿になっていく。

だから「もうちょっと飲みたいな」という〝ほろ酔い〟で盃を置けば二日酔いの後悔はない。半開（五分咲き）を愛《め》でれば、満開に向けて色づく花に胸をときめかすことはあっても、色あせていく姿に失望しないですむというわけである。

だが、処世訓である『菜根譚』は、風情や風流を説いているわけではない。酒や花に仮託して、「何事も、ほどほどのところが良い。**完全ではないところに、かえって味わいがある**」と、完全を求めることの愚かさを教える。

人生もしかり。栄達も、収入も、幸せも、足りないくらいでちょうど良く、「もっと、もっと」と貪《むさぼ》れば、結局、後に残るのはむなしさだけとなる。

このことわざが説く意味を、私が腑《ふ》に落ちて理解したのは五十代に入ってからである。それまでは人生を必死で駆け、三を手に入れれば五を、五を手に入れれば十を目指した。

だが〝貪る人生〟は、けっして追いつくことのない自分の影を追いかけるようなもので、どんなに走っても満ち足りた思いは決して得られないのだ。

大志をいだくなと言うのではない。満足という到達点を〝人生の満開〟に置いてはならないということだ。

五分咲きで満足し、後は余禄《よろく》と考えれば人生に失望はない。この余裕があってはじめて、人間の幅は広がると、今になって思うのである。

待てば海路《かいろ》の日和《ひより》あり

人生とは結局「あせる心との戦い」

チャンスは〝**回転木馬**〟のようなものだ。

人生経験から、つくづくそう思う。チャンスという〝木馬〟は、ゆっくりとしたスピードで私たちの目の前を回っていて、そのことに気づいた人だけが、一周、二周、三周とタイミングを計りつつ、ひょいと飛び乗るのだ。

ところが多くの人は、チャンスが〝回転木馬〟であることに気がつかない。一度きりのチャンスだと思い込んでいるため、あせって飛び乗ろうとする。状況が思わしくないときはとくにそうで、ここで乗り損ねたら次がないとばかり無謀なチャレンジをする。落ちてケガをするは当然だろう。

「だから人生の逆境にあっては、あせってはならない。**じっと待っていれば、必ずチャンスはめぐってくる**」

と、さとすのが、《待てば海路の日和あり》ということわざだ。

海路は「船を進める通り道」、日和は「雨風のない、穏やかな天候」のことから、「悪天候で海が荒れているときは、無理に出航しないでじっと待つこと。そうすれば、やがて海は静かになり、航海に適した日和になる」という意味になる。

出典は、江戸の俗語やことわざを集めた江戸時代の国語辞書『俚言集覧《りげんしゅうらん》』だが、原出は中国の故事――《待てば甘露の日和あり》で、これが日本に伝わり、「甘露」を「海路」に変えて使われるようになった。

甘露は〝甘い液〟のことで、「王者が仁政《じんせい》（情け深い政治）を行なえば、天がこれを感じて甘露を降らせる」という伝説にもとづく。

古代インドにも〝甘露神話〟があり、こちらは不老長寿の霊薬で、「アムリタ」と呼ばれた。古代インドから仏教が中国へ伝わった際、アムリタもいっしょに中国へもたらされたとされるが、中国で言う甘露は不老長寿の霊薬というより、「天が降らせる」ということから、「恵みの雨」をさすとも言われる。

すなわち《待てば甘露の日和あり》とは、「雨が降らず、日照りが続いても、王様が情け深い政治を行なえば、やがて恵みの雨が降り、農作物を育ててくれる」という意味になるわけだ。

そして、これがさらに日本に伝わり、海上交通が盛んだったことから、「甘露」が語呂合わせで「海路」に転じて使われるようになったとされる。ちなみに、甘く味つけされた「甘露煮」は、中国から伝わった甘露という言葉のなごりなのである。

余談ながら、釈迦の誕生日（旧暦四月八日）を祝う花祭り（灌仏会《かんぶつえ》）では、誕生仏の像に甘茶をかけてお祝いする習わしになっているが、これは釈迦が誕生したとき、天から甘露が降り注いだという伝説による。こうした故事・伝説に見るように、甘露は「徳」の象徴であったことがうかがえるだろう。

さて、「甘露」も「海路」も意味はまったくちがうが、どちらも「あせるな」と説く。じっと待っていれば必ずチャンスがめぐってくるのだという。

運気はまさに〝回転木馬〟というわけだが、一方で、私たちは一日ごとに年齢を重ねていく。人生は時間との競争で、ついこのあいだまで二十代であったはずが、気がつけば三十代も半ばを過ぎている。だから、あせる気持ちは自然なものだが、それをうまく押さえ込んだ者がチャンスをものにすることができる。

すなわち、「**人生はあせりとの戦いである**」と、このことわざは教えているのだ。

楽人楽《らくじんらく》を知らず

「不平不満を口にする人間」ほど、じつは恵まれている

不平不満は、幸せの証《あかし》である。

なぜか――。

幸せな人間は、たとえて言えば、満天星の下にいながらもそのことに気づかず、白昼の空に星を探して、あれが欲しい、これが足りないと不平不満をもらすのと同じであるからだ。

夜空を背景にすることで星の輝きに気づくように、幸せもまた、苦労を体験してこそわかる。だから**人生の辛酸を舐《な》めた人は、安易に不平や不満を口にすることはない**。たとえ満たされなくとも、今日一日を生かされていることがどれほど幸せなことであるか、身にしみて知っているからである。不平不満を口にする人は、だから幸せな境遇にいるというわけである。

このことをさとすのが《楽人楽を知らず》だ。「楽人」とは苦労のない人間のことで、「何の苦労もなく気楽に生きている人には、かえって安楽のありがたさがわからない。苦労してはじめて安楽のありがたさがわかる」という意味になる。

すなわち厳冬を知るから春夏の暖かさを喜ぶことができる。夜の長きを知るから朝の陽光に感謝する。同様に幸せもまた、苦があってはじめて知ることができる——と、このことわざは教えるのである。

なるほど、そのとおりだろう。「若いときの苦労は買ってでもせよ」とは、若い人をさとす言葉だが、その意味は、苦労することで人間が磨かれると同時に、苦労を知ることで幸せの存在に気づく、という教えである。苦労の経験がなければ《楽人楽を知らず》というわけだ。

だが、その一方で、私はこのことわざを**《楽人は楽う《ねが》ことを知らず》**とも読む。どういうことか。

意外と知られていないが、「楽」は仏教と密接に関係している。たとえば私たちがよく使う「道楽」は、本業以外のことに熱中したり、「飲む・打つ・買う」の遊興にふけることを言うが、もとの意味は「仏道を求める」ということだ。

仏教では「楽」を「ギョウ」と読み、「願う」という意味があることから「道楽《どうぎょう》」は「仏道を楽《ねが》う」が原意となる。さらにこの意味が転じて、仏道を修めることで得られる「楽しみ」や「悦《よろこ》び」を意味するようになっていくのである。

平凡な日常に「大きな幸せを見いだす」法

以上のことから、このことわざを《楽人は楽うことを知らず》と読めば、意味は、「楽人――すなわち苦労というものを知らずノホホンと生きている人間は、人生について考えることが浅く、したがって、どういう人間でありたいか、どう生きるべきか、という視点もなければ楽《ねが》い（願い）もない。そういう人間は畜生《ちくしょう》と同じである」と読み解くことができる。

どちらの解釈にせよ、**苦労を体験してこそ、不平不満を言える自分を幸せに感じられる**のである。

富貴天《ふうきてん》にあり

「努力だけに頼らない」——運を引き寄せる生き方

「努力」に頼る人は〝負け犬〟人生を歩む。

驚くかもしれないが、これは事実だ。富と地位は「運」がもたらすものであり、そのことに気づいた人間だけが〝人生の勝者〟になれるのだ。

このことを、中国・春秋時代の思想家である子夏《しか》は、「生死は人智のおよばざるものであり、富貴もまた天の与えるものであって、望んで得られるものではない。富貴を得るのは実力ではなく、運による」とした。これが孔子の言行録である『論語』に説く《死生命《しせいめい》あり、富貴天にあり》という言葉で、「富貴」とは字のごとく「富」と「地位」のことをさす。

ちなみに子夏は孔門十哲——孔子の弟子のなかでもっともすぐれた十人の一人として、その名を歴史にとどめる大家だが、その子夏にして「人生は運である」とするところに、私は人生の不可思議さと面白さを見る。

では、「運」とは何だろうか。中国思想では「天命」のことを言う。

人間はすべて、天から一生を懸けて行なうべき命令（天命）が与えられており、それに従って実行しようとする者は天から助けを受け、天命に逆らう者は必ず滅ぶ――とする思想で、このことから「富貴もまた天命によって授かるものである」とする。

ひらたく言えば、**金持ちになる人も出世する人も、天命によって決まっている**ということで、富貴を得る〝資格〟のない人間がいくらそれを求めても無理というわけだ。

だが、すべてを天命とすれば、人生に「生き方」はいっさい関係しないことになる。道徳を教えの中心に据える孔子門下の子夏が、そんなことを説くだろうか？　そうではなく、《富貴天にあり》には「生き方」が説かれていると考えるのが自然だろう。

江戸中期、幕府再建を目指して「寛政の改革」を断行した松平定信も、これを「生き方」として読み解いた一人だ。定信は十二歳のときに著した『自教鑑《じきょうかがみ》』に、

「死生命あり、富貴天に在り。命なくば富貴もうけまじ。不徳にして富貴なれば驕《きょう》を生ず。必ず其《それ》富貴を保ちがたし」

と記している。すなわち、いたずらに富貴を求めてはならないし、たとえ富貴を得

たとしても、それにふさわしい徳を備えていなければ、財は散逸し、家名は地に落ちてしまうと、みずからを戒めている。

松平定信は、白河藩藩主で八代将軍・徳川吉宗《よしむね》の孫に当たり、十一代将軍・徳川家《いえ》斉《なり》の筆頭老中として采配《さいはい》を振った。「寛政の改革」は、質素倹約など、清く美し過ぎたために庶民の不興を招いたが、清廉潔白を信条とする定信は、《富貴天にあり》をまさに「生き方」として読み解いていたことがわかる。

あるいは江戸末期、報徳思想（道徳思想）を説いた二宮尊徳もそうだ。尊徳は刻苦勉励の鑑ともされ、柴を背に負って歩きながら読書にふける〝尊徳像〟は、戦前はどこの小学校にもあったものだが、その尊徳が「世人富貴を求めて止《とど》まる事を知らざるは、凡俗の通病なり」として富貴を追い求める風潮を痛烈に批判している。

松平定信や二宮尊徳が読み解くように、子夏は富貴そのものを否定しているのではなく、それを追い求める「生き方」を戒めているものと考える。

すなわち、富貴という結果を求めて努力する生き方ではなく、「すべてを天にまかせ、日々をひたすら精進した結果が富貴であった」という**素直な生き方が「運」を引き寄せる**のである。

31
30
29

5章

迷わない

「乾坤一擲《けんこんいってき》」「出船《でふね》に船頭《せんどう》待たず」
「三十六計《さんじゅうろっけい》逃《に》げるに如《し》かず」
——「ぶれない自分」をつくる
故事・ことわざ

乾坤一擲《けんこんいってき》

天(奇数)が出るか、地(偶数)が出るか――「人生の大勝負」に勝つ法

人生とは、「決断」の積み重ねである。

やるかやらないか、AかBか、それともCか――人生はつねに選び取ることであり、成功も失敗も、幸せも不幸も、煎じ詰めれば決断という「選択の結果」に過ぎない。

その決断も、洋服や食事を選ぶといったささいなことはともかく、転職や離婚、住宅の購入など、その後の人生を左右する決断になると迷ってしまう。どっちを選ぼうとも、それが正しい選択であったかどうかは先になってみなければわからないからだ。選択が間違っていたことに気づいたときは手遅れで、選択の時点に人生の針を後戻りさせることは絶対にできないのである。

だから迷う。重大な決断であればあるほど迷い苦しむ。そして、さんざん迷った末に、**その迷いを腹に呑《の》み込み、敢然と決断して行動に移す**――これが《乾坤一擲》と

いうことわざである。スポーツなど〝ここ一番〟の大勝負でよく使われるが、その意味となると知られていないのではあるまいか。

「乾」は「天」、「坤」は「地」を表わし、「一擲」は「**一度にすべてをなげうつ**」という意味だ。中国のサイコロ賭博からきたもので、天（奇数）が出るか地（偶数）が出るか、一か八か、人生の大勝負を意味する。

出典は、中国・唐代の詩人・韓愈《かんゆ》の「鴻溝《こうこう》を過ぐ」。この詩は八〇〇年ごろ、鴻溝（現、河南省）を旅した韓愈が、千二百年前に起きた劉邦《りゅうほう》と項羽《こうう》の天下分け目の戦いを偲んでつくったものだ。

劉邦は漢（前漢）を興した高祖帝で、項羽は秦《しん》を滅ぼした楚《そ》の反乱軍の盟主。両者が激突し、四年におよぶ激戦を続けたが勝敗がつかず、「漢楚中分」の盟約を結ぶ。鴻溝という河を境にして、西を劉邦（漢）の領地、東を項羽（楚）の領地にするという停戦協定である。

歴史が動くのはここからだ。劉邦の軍師・張良《ちょうりょう》と陳平《ちんぺい》が「今こそ項羽を討つべし」と追撃を進言。劉邦はそれに従って大勝負を仕掛け、ついに勝利して漢帝国ができ上がる。韓愈は、このときの劉邦に思いを馳《は》せ、「真成に一擲、乾坤を賭《と》す」と詠み、これが《乾坤一擲》という四字熟語のことわざになったというわけである。

同じ意味のことわざはヨーロッパにもある。The die is cast ――よく知られた《賽《さい》は投げられた》という言葉だ。紀元前四九年一月十日、ユリウス・カエサルが、軍を率いてルビコン川を渡るときに言ったとされる。

ルビコン川は共和制ローマと属州を分ける北の防衛ラインで、軍団を率いてこの川を越えて南下する者はローマに対する反逆者とみなされた。

属州の提督だったカエサルはそれを承知で、自派の護民官（平民を保護する古代ローマの公職）がローマを追われたことを名目に、軍を率いてルビコン川を越える。内戦が始まり、カエサルは勝利してイタリア半島を制圧するのだ。

《賽は投げられた》とは、「**ひとたび投げられたサイコロは、もはや目を変えることはできない**」という意味で、ルビコン川を渡ることは、カエサルにとって、まさに《乾坤一擲》の大勝負だったのである。

洋の東西を問わず、奇しくもサイコロが登場するわけだが、正六面体のサイコロは、インドなどの古代遺跡から出土しているほか、古代ギリシア・ローマの彫刻や絵画に描かれていることから、世界各地に存在する。

　ちなみに現在のサイコロと同じように、一から六までの数字が刻まれ、反対面の数字を足すと七になるサイコロは、今から二千八百年前のアッシリア（メソポタミア北部）の遺跡から発掘されている。サイコロ賭博など遊具のほか、どの目が出るか予想できないという神秘性から、占いや宗教儀式にも用いられていた。

　それにしても、《乾坤一擲》にしろ《賽は投げられた》にしろ、運否天賦《うんぷてんぷ》の〝サイコロ賭博〟を引き合いに出して腹をくるということに、決断に対する重圧と迷いを私は見る。人間は数千年の昔から「選択の結果」を恐れ、その恐怖に負けまいと努力してきた。

　決断とは、すなわち**確かな人生を目指す戦い**なのである。

たとえば「ユリウス・カエサルのように生きる」法

小異《しょうい》を捨てて大同《だいどう》につく

たとえば「会議には十・五・三で臨め」

最終目標を見失いさえしなければ、人生はきっとうまくいく。

たとえば、会議には「十《とお》・五《ご》・三《さん》」で臨むのが、私のやり方である。

十——すなわち、私の意見が百パーセント正しいと確信したときは、出席者の総意と意見が対立しても自説を貫き、賛同を得るよう全身全霊をかけて説得する。

五——私の意見が総意と五分五分のときは、さらに主張してみて、その結果で判断する。

三——議論を尽くし、そのうえでなお私の意見が少数派であるときは総意に従い、以後、異論も自説もいっさい口にしない。

会議だけでなく一対一の交渉においても、私はこの方法で臨む。

意見の細部に食いちがいがあろうとも、総論や目的、方向性において同じであれば自説を引っ込め、話をまとめるのだ。細部の違いにこだわることで議論が平行線のまま結論を得なければ、目的を達成することは不可能になってしまう。

たとえて言えば、「富士山頂に立つ」という目的が同じでありながら、双方がルートにこだわるようなもので、これでは一歩としてのぼることはできない。双方が譲り合い、**お互いに力を合わせてこそ、山頂にたどり着くことができる**のだ。

《小異を捨てて大同につく》とは、「意見に部分的な違いはあっても、基本的なことが大まかに一致していれば大勢の支持する意見に従うこと」という意味で、まさにこのことを説く。そして「大勢の支持する意見」とは、「総意」という意味だけでなく、「目的を同じとする」という意味をも含んでいるのである。

小異を捨てて大同につくことで日本を救ったのが、明治維新の立役者——勝海舟と西郷隆盛による〝江戸無血開城〟だ。

慶応四（一八六八）年四月十一日、戦火を交えることなく江戸城は官軍（新政府軍）に明け渡され、ここに徳川幕府は滅び、日本は明治という新たな時代を迎える。

だが、談判したのが勝と西郷でなければ、江戸の町は戦火に焼きつくされ、開国を迫って恫喝《どうかつ》する列強諸国につけいる隙《すき》を与えたことだろう。

鳥羽・伏見の戦いで敗れた幕府は、十五代将軍・徳川慶喜が上野・寛永寺に謹慎して官軍に恭順の意を示すが、旗本など数千人が江戸城に立てこもり、最後の決戦に打って出る覚悟でいた。

これに対して官軍は江戸城総攻撃を決意、約一万の兵が江戸に向けて京を発つ。

勝は和平に奔走するが、官軍は慶喜の恭順を信用せず、また幕府の一部も和平に強硬に反対するなど、江戸決戦は不可避となった。そして、江戸総攻撃前日の三月十四日、勝海舟は江戸・高輪にある薩摩藩邸を訪ね、談判におよぶのだ。

「明日の江戸城総攻撃は見合わせてほしい」

「ならば江戸城をすぐに渡されるか」

西郷の問いに、勝はしばらく沈黙してから、はっきりと答えた。

「お渡し申そう」

今度は西郷が沈黙してから、

「わかり申した」

こうして江戸総攻撃は回避されるのである。

日本という国にとって急務は、西洋列強にどう対処するか、ということである。

幕府に政権を担う力はもはやない。となれば、諸藩が協力して挙国一致して臨み、列強と対等の立場で開国交渉するのが最善となる。これが「大同」であり、江戸城をどういう方法で明け渡すかは「小異」ということになる。勝と西郷の沈黙は、あるいは《小異を捨てて大同につく》という言葉が脳裏をよぎっていたのかもしれない。

ちなみにこのことわざは、紀元前三世紀、中国の思想家である荘子《そうし》の「大同小異」という言葉がもとになっている。「似たり寄ったり」という意味で、これが日本のことわざでは《小異を捨てて大同につく》になるが、中国では《求同存異――小異を残して大同につく》になる。おそらくその理由は、中国は多民族国家なので、お互いのちがいはちがいとして〝棚上げ〟することで大同を求めたのだろう。

だが、「潔さ」を美徳とする日本人のメンタリティーからすれば、大同につくからには、小異は潔く「捨てる」ものであり、「残す」のは未練がましいとして軽蔑される。小異を残すか捨てるかは価値観の相違ということになるが、「大同につく」ということにおいて両国の価値観は一致する。

すなわち、**「小異」にばかりこだわって「大同」を見失うことの愚かさ**を、このことわざは教えるのだ。

柳に雪《ゆき》折《お》れなし

長い人生「一着もビリもない」と肝に銘じる

歩くのに疲れたら、背中の荷物をおろして、ひと休みすることだ。道行く人の目など、気にすることはない。人生街道には決まったゴールはなく、七十年、八十年、百年と歩きつづけ、歩けなくなったときがゴールなのだ。

だから一着もビリもない。元気いっぱいのときは早足で、背負った荷物が両肩に食い込んできたなら、道端にしゃがんでひと休み。**自分のペースで歩けばいい。**

「急ぐな、無理をするな、人生は長い」

と先人がさとすのが、《柳に雪折れなし》ということわざなのである。

このことわざは、「柳の枝はよくしなうので、雪が積もる前に落ちてしまうため折れることがない」という意味から、

「柔軟なものは一見弱々しく見えるが、剛堅なものよりかえって強い」

と、人生の処し方を教える。

柳はお化けとセットで登場するため、お化けの引き立て役くらいにしか思われていないが、**じつは強靭《きょうじん》な生命力を持っている**のだ。地中にしっかりと根を張って地盤を固めるだけでなく、台風など災害で倒れ埋没しても、再び自力で芽吹いていく。

このたくましい生命力に加えて湿潤を好む特性から、江戸時代、植栽木として川岸や土手、お堀端などに植えられた。これらの場所は人気がなく寂しいため、「うらめしや～」と出てくるお化けは、たいてい柳の木の下になってしまうというわけだ。

また、柳の強靭な生命力は、中国では崇拝の対象にもなっている。

清明節は日本のお彼岸（春）のようなもので、先祖の墓に参り、草むしりをして掃除することから「掃墓節《そうぼせつ》」とも呼ばれるが、風習として、柳の枝を髪にさしたり、輪にして頭に載せたりする。柳の強靭な生命力にあやかろうとするもので、もし清明節に柳の枝を挿さないと、病気や貧困に陥って、早く老いてしまうとされる。

このことから清明節は「挿柳節《そうりゅう》」とも呼ばれる。

実際、柳の枝や葉には薬効があり、解熱鎮痛薬として重宝された。医学が未発達な古代においては理由はわからなかったろうが、柳の枝葉にはビタミンC、そしてアスピリンをつくる成分であるサリシンが含まれている。

だから古代中国では、旅立つ人に柳の枝を手渡して無事を祈った。ちなみに日本でも、柳の枝は歯痛止めとして用いられた。だが、本当の意味で柳の強靭な生命力は、がんばり過ぎないことにある、と私は思っている。

松のように、降り積もる雪を枝いっぱいに受け止め、歯を食いしばって仁王立ちするのも立派だが、折れてしまったのでは元も子もあるまい。ひらひらと舞う雪は、綿のように軽く見える。しかし、降り積もって固まったならば、とても重い〝物体〟になる。一立方メートル当たり百五十キロ以上。根雪になれば五百キロ以上にもなる。

だから柳は、耐えられるだけの雪を枝に宿し、これ以上は無理だと思ったら、枝をしならせ、はらりと雪を落とす。そこには、無用の見栄も外聞もない。**自然に逆らわず、踏ん張り過ぎず、柔軟に生きていく**ところに、柳の生命力の根源がある。

もちろん人生に我慢は大切だ。歯を食いしばって、踏ん張らなければならない場面も少なくない。努力もせず、我慢もしないでギブアップする人は、ただの〝負け犬〟である。

だが、がんばるだけがんばって、「もうこれ以上、無理だ」と思ったなら、さっさと〝重荷〟をおろせばいいのだ。

意外に知られていないが、柳はまな板の最高級材として用いられている。材質が柔らかで、粘りがあって、しかも木目が均質であるため、包丁とケンカせず、刃を傷めない。日々、何十回、何百回と包丁の刃を叩きつけられながら、柳のまな板は自分も傷つかず、包丁の刃も傷つけない。

我が家にある柳のまな板を見ると、ふと《柳に雪折れなし》ということわざが脳裏をかすめるときがある。そして、**雪をはらりと落とす柳のしなやかな枝**を思い浮かべながら、

（急ぐな、無理をするな、人生は長い）

と自分に言い聞かせるのだ。

プレッシャーを「さらりとかわす」法

人間到る処青山有り《じんかんいたところせいざんあ》

「人生、なんとかなる」と思えば、本当に「なんとかなる」

飛翔したければ、地面に這《は》いつくばるのをやめることだ。飛び上がりたいと願望しつつも、地面に這いつくばっているとしたら、それは臆病という。**臆病からの脱却は人生を豊かにする**。

「飛び上がれ」

と檄《げき》を飛ばすのが《人間到る処青山有り》ということわざで、出典は、江戸時代末期の僧侶・月性《げっしょう》が詠んだ次の詩による。

男児志《こころざし》を立てて郷関《きょうかん》を出《い》ず
学若《も》し成るなくんば復還《またかえ》らず
骨を埋《うず》むるに何ぞ期せん墳墓《ふんぼ》の地

人間到る処青山有り

青山は「墓場」のことだ。

「男子が志を立てて故郷を旅立ったからには、目的が成就しない限り、二度と故郷には帰らない。骨を埋めるのは、なにも郷里の墓でなくてもよいではないか。**世の中には、どこにでも墓所はある**」

という意味で、月性が二十七歳のおり、勉学の志を立てて郷里の周防国《すおうのくに》（山口）を出て大坂に向かうときの決意を詠んだとされる。

ちなみに月性は妙円寺の住職であったが、京、江戸に出て吉田松陰や梅田雲浜《うんぴん》ら多くの志士と交わり、尊皇攘夷論を主張。月性が郷里に開いた私塾「清狂草堂《せいきょうそうどう》」は大《おお》洲《ず》鉄然《てつねん》、赤根武人《あかねたけと》、世良修蔵《せらしゅうぞう》、大楽源太郎《だいらくげんたろう》など、維新で活躍した人材が多数輩出し、近代日本の成立に大きく寄与している。

その月性が「大望をいだかば、郷里を捨てる覚悟で臨め」と言うのだ。今の時代からは想像もつくまいが、当時、地方から京や江戸にのぼって事を成そうとするのは、人生をかけた一大決心であった。

「郷里に錦を飾る」という言葉があるが、立身出世して郷里へ凱旋することこそ、人生において最大の晴れ舞台であり、誰もがそれを夢見て勤勉刻苦したのである。

そんな時代にあって〝維新僧〟の月性は「郷里の墓に入ることなど考えるな。人間到る処青山有り」と、みずからに檄を飛ばし、覚悟のほどを詩に詠んだ。故郷の墓に入らないとは、退路を断ち、まさに「帰る場所」を捨て去るということなのである。

人生に岐路はつきものだ。だが、飛躍が約束された岐路はめったにないもので、たいていい五里霧中だ。先が見えず、選んだ道の先に落とし穴があるかもしれないという不安がつねにつきまとう。じっと這いつくばっていれば、とりあえずは安泰である。

だから臆病になる。

そんなとき、月性のこのことわざを反芻《はんすう》してみてはどうか。

「這いつくばるな、思いきって飛び上がれ。到るところに青山があるがごとく、**人生、なんとかなるものだ**」

這いつくばる人生が悪いというのではない。臆病からそうしているのだとしたら、人生に悔いを残すだろうと、私は考えるのである。

時の代官、日の奉行

長いものには一度は「徹底的に巻かれてみる」

処世術とは、長いものに巻かれることである。

こう言うと、たいていの人は不快な顔をするだろう。かつて私もそうだった。膝《ひざ》を屈して生きるくらいなら、太く短く花と散る――そんな威勢のいい時代もあった。

だが、人生の修羅場をくぐるにつれて考え方が変わっていった。長いものに巻かれることを潔しとしないのは、私が硬骨漢《こうこつかん》なのではなく、人生に対して野心も、確固たる目標も持っていなかったからに過ぎないということに気がついたのである。

秀吉も家康も、織田信長という**〝長いもの〟に徹底して巻かれた**。不平も不満も、批判もあったろうが、それらのいっさいを腹に呑《の》み込み、忠勤を尽くすことで信長に引き立てられ、ついには主君の果たせなかった天下人にのぼりつめていく。

彼らの処し方を見ていると、膝を屈するのが嫌だとか、太く短く花と散るだとか、そんな甘っちょろい思いは微塵《みじん》もなく、「天下を取る」という野心に一直線なのだ。

だから、目先の見栄やメンツにこだわるのは、野心も確固たる目標もない人間である、というわけである。人生を高い視点から俯瞰《ふかん》して見るならば、長いもの——すなわち上司やクライアント、あるいは社会的に力のある人間に巻かれることはけっして恥ずべきことではない、ということになる。

「他人の力」を「自分の力」にしてしまう法

《時の代官、日の奉行》ということわざは、「**その時々の権力者に従って身を処していくのが世渡りの上手な方法である**」という意味だ。代官と奉行は庶民に直結した〝長いもの〟であることから、彼らには「逆らうな、巻かれよ」と説くのである。
代官は、江戸幕府から任命されて天領（幕府直轄領地）を支配する地方行政官で、身分は最下層の旗本。幕府の役職としては木っ端役人に過ぎないが、年貢の課税・徴

収から治安までを取り仕切るため、いわば〝田舎のドン〟と言っていいだろう。

代官が支配する天領は全国各地にあって幕府の財政基盤になっていることから、年貢の徴収は代官にとって最重要の任務。当然ながら取り立ては厳しく、農民を泣かせることになる。

また、悪徳商人から賄賂を受け取るのは時代劇の〝お約束〟だが、現実には悪代官はそれほど多くなかったとされる。代官は地方統治の要《かなめ》であるだけに、幕府は代官の風評に神経をとがらせ、悪評が立てばすぐに罷免する政治体制になっていたからだ。

だがこのことは、代官がその気になれば農民を苦しめ、商人に便宜を図ってやれるだけの力があったということでもある。農民や商人にとって代官は〝長いもの〟であり、「**いかにうまく巻かれてみせるか**」が世渡りのコツということになるわけだ。

奉行は、武家における職名の一つで、職務を行なう役所を奉行所という。部署ごとに「○○奉行」という名称がついていて、ざっと列挙しても蔵奉行、金奉行、林奉行、普請方下奉行、畳奉行、材木石奉行、具足奉行、弓矢槍奉行、吹上奉行、膳奉行、書物奉行、鉄砲玉薬奉行、寺社奉行……など多彩である。

時代劇や小説でお馴染みの〝遠山の金さん〟や大岡越前守《えちぜんのかみ》の職名は町奉行で、寺社奉行、勘定奉行と並んで三奉行と称され、幕府の評定所《ひょうじょうしょ》（最高裁判機関）を構成する。

町奉行は激務で、午前中は江戸城へ登城して報告と打ち合わせをし、午後に奉行所へ取って返すと、裁判や決済など山積する仕事に夜遅くまで追われる。

そのため身体を壊し、在任中に亡くなる者も少なくなかった。〝遠山の金さん〟のように、事件捜査で市中に潜り込んで黒幕を突き止め、お白洲《しらす》で「この桜吹雪が眼に入らねぇか！」と啖呵《たんか》を切るような余裕は、逆立ちしてもなかったのである。

ちなみに寺社奉行は宗教行政機関だが、当時、庶民の戸籍はお寺が管理していたため、訴訟や戸籍の管理も担当し、いわば現在の法務省に当たる。勘定奉行は財政や天領支配などを担当。各地の代官は、勘定奉行の配下となる。

以上のように、身分の高低や権力の大小はあるものの、代官と奉行に逆らえば、庶民はたちまち自分の首を絞めることになる。だが、この権力者たちこそ、自分が将来に描く**夢や野心の実現に向けて〝踏み台〟になる**と思えば、また違った見え方をするのではないだろうか。

《時の代官、日の奉行》ということわざは一見、彼らに膝を屈するように見えて、じつは**〝攻めの人生〟の処世訓**なのだ。

下手《へた》の金的《きんてき》

「射ぬ矢は当たらない」――人生を確率で考えてみる

「万に一つ」という確率をどう考えるかで、今日からの人生は大きく変わる。

たとえば、弓矢を例に引けばわかりやすい。

「一矢《いっし》を的中させるには、一万回射《い》なければならない」

とネガティブに考えるなら、それまでの九千九百九十九本の矢は無駄となり、「一万分の一」は気の遠くなるような確率となって、チャレンジそのものを放棄してしまうだろう。

ところが、

「初《しょ》っ端《ぱな》の一矢が的中したらどうなるか」

とポジティブに考えればどうだろう。九千九百九十九本の外れは一万本を射た場合の計算で、一矢で的中してしまえば、**「万に一つ」は「一つに一つ」の確率**になってしまうことだってあるのだ。

《下手の金的》ということわざは、「まぐれ当たり」とか「下手な人の矢でも的に当たることがある」という意味に理解されているが、私はこの解釈に加えて、「どんなに確率が低かろうと、あるいは能力が劣っていようと、**やってみなければ結果はわからない**」

と、チャレンジ精神を教えているものと読み解くのである。

《金的》は「きんまと」とも言い、射的の的の中心部のことだ。直径三分《ぶ》（約一センチ）の円で、金紙を貼ってあることから「金的」と呼ばれ、その昔、村落の五穀豊穣を願う「金的神事」「奉射神事」として、各地の神社で行なわれていた。

一年を占う神事であるため、金的に的中させるかどうかは村落にとって一大事。だから見事、金的を射貫《ぬ》いた者には神社から報奨金と褒美が渡され、この報奨金で翌年の同じ祭礼時に、『金的中』と大書した的中額《がく》に個人名を入れて奉納した。

ちなみに弓矢は単に武器であるだけでなく、古代においては、厄を祓《はら》う霊的な力があると考えられていた。疫病など病の原因は鬼の仕業とされ、弓矢をもって鬼を退治した。

そのなごりが、正月の縁起物として寺院や神社で授与される「破魔矢《はまや》」である。文字から解釈すれば、「矢が鬼（魔）を射貫く（破）」ということになる。厄を祓うため、わらでつくった円座の的を射る矢に「破魔矢」という字が当てられ、「はまや」と呼んだことから、正月になると、男児に破魔矢を贈る風習になったとされる。「金的神事」は江戸時代の中期になると、庶民の娯楽の一つとなっていく。神社の祭礼で、見物料を取って射的大会として行なわれるのだが、《下手の金的》ということわざは、下手と評判の男がどういうわけか見事、金的を射止めたことに由来するのではないだろうか。

見物人たちは、驚きつつも感心し、

「射てみなきゃ、わからないもんだ」

と語りぐさにしたことだろう。

「万に一つ」の確率にぶち当たったときは、《下手の金的》の後に《**射ぬ矢は当たらぬ**》とポジティブな一語をつけ加え、果敢にチャレンジしてみることだ。「万に一つ」が「一つに一つ」になることもある。射ぬ矢は、万に一つも当たることはないのだから。

三十六計《さんじゅうろっけい》逃《に》げるに如《し》かず

強者だから「逃げることを恐れない」

「困ったときは逃げるのが最良の策である」

というのがこのことわざの意味だが、「トンズラ」とは似て非なるものだ。

このことわざの主眼は「最良の策」にあり、

「窮地に臨んで、謀《はかりごと》や駆け引きなど対応策はいろいろあるだろうが、失敗して討ち取られてしまっては元も子もない。だから、まず逃げ出し、身の安全を守り、後日の再起を図るべし」

という〝**攻めの退却**〟を教えているのだ。

それもそのはずである。「三十六計」は、中国の兵法書『兵法三十六計』のことで、十七世紀――明《みん》から清《しん》の時代にかけてまとめられたとされている。兵法書としては『孫子』が世界的に有名だが、『兵法三十六計』には時代を超えた故事・教訓が収められており、中国では兵法書としてだけでなく、日常生活でも幅広く活かされている。

ちなみに『兵法三十六計』は、兵法における三十六とおりの戦術を、次の六段階に分けてまとめたものだ。
①勝戦計（こちらが戦いの主導権を握っている場合の戦略）②敵戦計（兵力が同等の敵に対する戦略）③攻戦計（敵がひと筋縄でいかない場合の戦略）④混戦計（敵が手強く、乱戦時の戦略）⑤併戦計（同盟国や味方に対する戦略）⑥敗戦計（負けているときの戦略）——となっている。
いくつか例をあげれば、次のようになる。
《第十四計／屍《しかばね》を借りて魂を還《かえ》す》
役に立たない者を利用しろ、という計略。有能な者は少なく、それだけに手に入りにくいもの。だから無能な者であっても、使い方次第でいくらでも役に立つのだから、大いに使うべし。無能を無能たらしめるのは、使い方を知らないからだ。
《第十五計／虎を調《あしら》って山を離れしむ》
虎の住処《すみか》である山で戦えば虎の思うつぼ。だから虎（敵）の有利な地点から不利な地点に出てこざるを得ない状況をつくり、しかるのち、これを叩け。

《第三十一計／美人の計》

相手の望みのものを贈り、快楽に溺れさせれば戦意を喪失する。

『兵法三十六計』は歴史上の具体例を引きながら、人間心理を洞察した計略が説かれているのだが、その最後が《第三十六計／走《に》ぐることを上《じょう》と為《な》す》というわけである。

《第三十六計》は、中国の正史『南斉書《なんせいじょ》』のなかの「王敬則伝《おうけいそくでん》」の故事によって次のように説かれている。

中国・南北朝時代、南斉の武将・王敬則が反乱を起こし、主都・建康（現、南京）に攻めのぼったときのこと。彼は「王敬則が逃げるらしい」と自分の噂を耳にする。

皇帝側の指揮を執るのは檀将軍で、

（これは檀将軍が流した策略にちがいない）

と読んだ王敬則は、

「檀将軍の計略は数々あったというが、逃げるのが一番の策だったたそうな」

と嘲笑《ちょうしょう》した。檀将軍はかつて宋の将軍だったころ、巨大な北魏《ほくぎ》軍との戦いにおいて、退くことで巧みに直接対決を避け、宋を守ったのだが、王敬則はこのときのことを揶揄《やゆ》したのである。王敬則は、その場にとどまり、

「檀将軍よ、おまえたちこそ、さっさと逃げるがいい」
と豪語した。

その結果、王敬則は檀将軍率いる皇帝軍に包囲され、首を討たれるのである。

この故事から《走ぐるを上と為す》——すなわち「討ち取られてしまっては元も子もないのだから、まず逃げ出し、身の安全を守り、後日の再起を図るべし」と『兵法三十六計』は教えるのだ。

とかく私たち日本人のメンタリティーとしては「逃げること」よりも「散ること」を美徳とする。武士道で言う潔さだ。名を惜しみ、みずから進んで命を散らすのは勇気のいることだが、**「勝利する」という目的のために嘲笑を覚悟し、退却を決意する**のは、もっと勇気のいることではないだろうか。

最終的に「自分が勝者になる」法

善は急げ

「悪魔がささやく前」に動け

幸せの種まきは〝善は急げ〟が合言葉だ。その理由は三つある。

一つは「他人の横取り」に対する警戒だ。たとえばビジネスチャンスのアイデアがひらめいたとする。だが、ひらめきは実行に移してこその成果で、もたもたしていれば、同じアイデアでライバルに先を越されてしまう。だから「そうと決まったら善は急げ」というわけである。

もう一つは、「善」を「運気」と考える場合だ。**運気は気まぐれ**で、しかもすぐにどこかへ去ってしまう。だから運気が舞い込んできたと思ったら即座に実行に移し、成果を手中にせよ、というわけだ。

どちらの解釈も、グズグズしていて、トンビに油揚げをさらわれてはならないと戒めていることにおいて同じである。

三つ目は、善《よ》いことは他人にも自分にもプラスになるのだから、すぐに実行すべきだ、という解釈で、まさに「善は急げ」。私たちは、たいていこの意味で用いている。

だが、このことわざの真意は、そんな軽いものではなく、人間の心を見据えた深い意味があるのだ。出典は、釈迦の言葉を集めた原始仏典『ダンマパダ』（法《ほっ》句《く》経《きょう》）で、

「善をなすのを急げ。悪から心を退けよ。善をなすのにのろのろしたら、心は悪事を楽しむ」

とある。仏法的解釈をすれば、「悪」とは煩悩のことであり、「善」とは煩悩を克服しようとすることをさすが、これを私たちの現実生活で読み解くなら、

「いいことをしようと思い立っても、それを実行に移さないでグズグズしていると、なまけ心に誘惑され、結局、実行できないまま終わってしまう」

ということになろうか。

たとえば、大地震で壊滅的な被害を受けた村落があるとする。良心に突き動かされ、復旧のボランティア活動に参加したいと思う。この思いは純粋で尊いものだが、実行に移さないで日にちがたつうちに、「私が手伝いに行ったところで、たいして役に立たないんじゃないか?」「それに仕事も忙しくて休みも取れないし」「いや、そもそも

国がやる仕事じゃないか」……。

こうして〝言い訳〟という悪がささやき、〝善〟は実行されないで終わってしまう。これが釈迦の説く「善をなすのにのろのろしたら、心は悪事を楽しむ」ということなのである。

もっと身近な例で言えば、たとえば一念発起して、健康のため早朝ジョギングを思い立ったとする。ところが、なかなか朝起きることができない。実行に移せないまま「よし、明日から」「来週から」「来月から」と先延ばしするうちに、「睡眠を削ってまで走るのは本末転倒じゃないか」「無理は良くないな」「それに、仕事は忙しいし」……と、悪がささやき、心はそのささやきを楽しむことになる。

以上のことから、《善は急げ》とは、

「悪がささやく暇《いとま》を与えず実行に移さない限り、善は単なる思いつきで終わってしまうぞ」

という意味なのである。

「今すぐに腰を上げよ。言い訳が襲いかかってくる前に」

釈迦の、そんな言葉が聞こえてくるような気がする。

出船《でふね》に船頭《せんどう》待たず

人生の「追い風」――帆を上げて確実にとらえる法

幸せをつかみ取るチャンスを逃がすのは「一瞬の躊躇《ちゅうちょ》」である。

ところが多くの人はこのことを知らず、漫然と構えているため、いざチャンスがきたときにもたついてしまう。瞬時に握ればつかまえられる絶好のチャンスが、指のあいだからスルリと抜け落ちていくのである。

《出船に船頭待たず》とは、「風待ちをしている帆船は、追い風が吹いたときが出船（出港）となるため、追い風が吹いてくるや、客が上陸していようとも船頭は帰りを待たずに出港する」という意味から、「**チャンスがきたと見れば即座に実行せよ**」と〝一瞬の躊躇〟をも戒めるのだ。

そのためには、帆船だった江戸時代の船頭が風向きをじっと注視するように、チャンスがいつやってくるか**神経を研ぎ澄ませていなければ、事に臨んで遅れを取る**というわけである。

昔の帆船航海にとって風向きがどれだけ重要であったかは、たとえば八丈島で発行されている観光ガイド「8・joるんるんガイド」（二〇〇八年秋号）に、代官・羽倉《はぐら》簡堂《かんどう》が記した伊豆諸島巡察記録『南汎録《なんはんろく》』の要約記事が掲載されている。

それによると、羽倉簡堂一行は天保《てんぽう》九（一八三八）年四月二十二日、船三艘に分乗して江戸の鉄砲洲（現、東京都中央区湊）を出航する。

羽倉が乗った船は長さ十一間一尺五寸（約二十メートル）、横幅三間（約五・四メートル）。当時としては大型の官船で、頑強さ、航行能力ともにすぐれており、船頭・水夫合わせて九人が乗り込んだという。一行は帆に順風をはらんで大島、利島、新島、神津島と巡視して五月十八日に三宅島へ到着した。

三宅島に十日ほど滞在して五月二十七日、御蔵島へ巡視に向かったところが荒天となり、一艘は転覆、羽倉たちの乗った二艘は命からがら三宅島へ逃げ帰る。六月二日、八丈島に向けて船出するが風向きが悪く大島へ引き返す。七日、大島から八丈島を目指したものの、今度も風向きが悪く式根島へと流される。九日、式根島から八丈島へ向かうが風雨に見舞われ、十日、船は逆に三崎港まで押し戻されてしまう。

このとき羽倉簡堂は「ひとえに風向きが悪ければ、出帆してはいけないことを思い知った」と記している。すなわち《出船に船頭待たず》で、追い風を待ち、ひとたび好機が到来するやすぐさま出帆すべし――という鉄則を再認識したということか。

三崎港から式根島へ走り、二十七日、式根島を出港して八丈島を目指す。今度は天候に恵まれ、四日後の七月一日に八丈島の見えるところに達するが、一転、風向きが変わり、二百余里も流されてしまう。その後、やっと風に恵まれ、八丈島の荷浦に到着する。三宅島から八丈島を目指してからじつに一カ月以上の悪戦苦闘であった。

今、八丈島へは羽田から飛行機で四十五分。定期船でも十時間半で着く。風まかせの帆船と、風に関係なくエンジンで走る船と、これだけの差がある。追い風が吹きはじめるや、上陸した客を待たず出港するというのもうなずけるだろう。

人生において〝追い風〟をつかもうとするなら、江戸時代の船頭のごとく、風向きに神経をとがらせておくことだ。

そして、ひとたび〝追い風〟の到来と見るや、即座に帆を上げて船出する。もたもたして風向きが変わってしまえば、港を出られなくなる。**次の〝追い風〟はいつやってくるか、誰にもわからない**と、このことわざは教えてくれる。

鶴は千年、亀は万年

一年を「二倍の長さ」にする生き方

貧富の差はあっても、時間だけは平等だという。よくできたうそで、時間ほど不平等なものはないのだ。たとえば、一年かかる仕事を半年で成し遂げたなら、一年は二倍の長さになる。すなわち、一日、一年、十年という暦《こよみ》の時間は同じでも、日々の過ごし方の密度によって、人生は長くもなれば短くもなるということだ。

意外に思うかもしれないが、《鶴は千年、亀は万年》ということわざは、長寿を祝しているように見えて、じつは「**限られた人生を無為に過ごしてはならない**」という逆説的警句でもあるのだ。

順を追って説明しよう。

中国において、鳥類のなかで、鶴だけが厳冬のヒマラヤ山脈を飛越《ひえつ》できるという伝説がある。当時は確認する術がなかったのだろうが、事実、アネハヅルは、繁殖地のモンゴルから標高八千メートルのヒマラヤ山脈を越えてインドへ渡っていく。

その強靱《きょうじん》な生命力と華麗な姿から、人々が鶴を霊鳥として崇《あが》めたのは当然だったろう。中国古典『淮南子《えなんじ》』に「鶴の寿は千歳」と記されるなど、鶴は千年を生きるとされた。

ちなみに千羽鶴は、病気快癒と長寿を願って、入院者への贈り物などとしてよく用いられるが、これは「鶴は千年」の伝説をもとにしたものだ。一羽折るごとに一年の長生きができ、千羽を折れば鶴のように千年を生きることができるというわけである。

この〝鶴伝説〟に、古来、長寿の象徴とされた亀がくっついて《鶴は千年、亀は万年》という長寿と縁起を祝うおめでたい言葉ができるわけだが、江戸時代になって、禅僧・仙厓《せんがい》は、このことわざに《我は天年》という言葉をつけ加えた。《鶴は千年、亀は万年、我は天年》としたのである。

「千年生きるか、万年生きるか、あるいは明日ころりと逝《い》くか——。寿命は人知のおよばざるところゆえ、わしはただ、**天から授かった寿命をまっとうするだけ**じゃ」

という意味だが、寿命は天命であるにもかかわらず、いたずらに長命を願う人間の愚かさを、仙厓は「我は天年」という一語をもって喝破《かっぱ》したのである。

禅語に言う《日日是好日《にちにちこれこうじつ》》——すなわち、「一日一日を人生のかけがえのない時間と思って今日を生きよ」という教えをもとにするもので、

「完全燃焼して日々を生きれば、鶴の千年、亀の万年に匹敵する人生になる」

ということをさとしているのだが、仙厓はあえて《我は天年》という一語を加えることによって、《鶴は千年、亀は万年》ということわざの真意を際立たせてみせたのかもしれない。

仙厓は反骨の禅僧で、生国・美濃（岐阜）の国政の乱れを嘆き、「よかろうと　思う家老が悪かろう　もとの家老が　やはりよかろう」と詠んだため美濃から追放になるのだが、「から傘を　ひろげてみれば　天（雨）が下　たとえふるとも　蓑《みの》（美濃）は頼まじ」という一句を残し、決然と美濃を去る。

その後、栄西が開山した日本最古の禅寺・聖福寺《しょうふくじ》（福岡）に請われて入り、百二十三代住職となるのだが、仙厓が聖福寺の門前に立ったとき、その身なりのひどさに小坊主どもが乞食坊主と間違えたというエピソードが残っている。

権威を嫌った仙厓は、本山（京都・妙心寺）から紫衣《しえ》（最高位の袈裟）を与えられたが断り、生涯を黒の袈裟で通したという。軽妙洒脱な人柄で、六十二歳で隠棲《いんせい》して

からは、風刺やとんちのきいた書画や詩文で禅の境地をわかりやすく説き示し、多くの人々が仙厓の絵を求めて訪れた。

その仙厓は天保八（一八三七）年十月、八十七歳で亡くなる。高僧は臨終に際して後世に語りつがれる名言を残すものだが、仙厓は言った。

「死にとうない、死にとうないで」

まさかの言葉に耳を疑ったのは、枕頭で見守っていた弟子たちである。あわてて真意を尋ねたところが、「ほんまに、ほんまに」と答えたという。

「死にとうない」と言った真意はわからない。ただ、カエルが座った絵を描き、「坐禅して人が仏になるならば」と、禅僧にあるまじき（？）賛（鑑賞文）を書いて飄々《ひょうひょう》としている仙厓だ。「死にとうない」という臨終の一語を通して、煩悩という人間の消えざる〝業火《ごうか》〟を示したのかもしれない。

そんな仙厓の人となりを思い描きつつ、《鶴は千年、亀は万年》ということわざを深く味わってみると、単に長寿や縁起を祝うおめでたい言葉としてではなく、**「生きる時間」というものを私たちに問いかけている**ように感じるのだ。

瑠璃《るり》も玻璃《はり》も照らせば光る

ときに「心の鏡」に自分を映してみる

世に出る人間に二つのタイプがある。

一つは、太陽のようにみずから燦然《さんぜん》と輝くことで世間に認められるタイプ。もう一つは、月や星のように、太陽などほかの星の光に照らされることで輝き、その存在が認められるタイプで、それをたとえて《瑠璃も玻璃も照らせば光る》という。このことわざは、「江戸カルタ」にあるものだ。

「瑠璃や玻璃は石ころのなかに混じっていても、照らせば光るからすぐにわかる」という意味から転じて、「**すぐれた人物は、どこにいても目立つ**」という前者の意味と、「**すぐれた素質や才能を持つ者は、活躍の場を与えられれば真価を発揮する**」という後者の意味の二つに解釈されている。

瑠璃は鮮やかな青色をした美しい宝石で、十二月の誕生石として知られるラピスラズリの和名だ。アフガニスタン、ロシア、カナダ、アメリカ、チリが主な産地で、数千年も前から装飾品や宝石として用いられてきた。

古代エジプトのツタンカーメン王の棺《ひつぎ》やマスク、メソポタミア美術に登場する印章、さらに奈良の正倉院に収蔵されている宝物などにも利用されている。

玻璃は水晶やガラスのことだ。ガラスの器が「玻璃器」、ガラス戸が「玻璃障子」、金属製の鏡に対してガラス製の鏡を「玻璃鏡《きょう》」という。余談ながら、地獄の閻魔王庁には水晶でつくった「浄玻璃《じょうはり》の鏡」があるとされる。この鏡は過去の諸行をすべて映し出すことから、閻魔大王が裁判に用い、亡者の善悪を見極めるというわけである。

玻璃も瑠璃も、仏教では七宝に数えられる。七宝は極楽浄土などの荘厳《しょうごん》（飾り）に用いる尊い宝石のことで、『阿弥陀経』では、浄土に建つ楼閣は金・銀・瑠璃・玻璃・硨磲《しゃこ》（シャコ貝の殻）・赤珠《しゃくしゅ》（珊瑚《さんご》）・瑪瑙《めのう》の七宝で美しく飾られているとする。

以上が《瑠璃も玻璃も照らせば光る》ということわざの一般的な解説だが、出典が「江戸カルタ」であることが気になる。玻璃（ガラス）はともかくとしても、宝石である瑠璃など庶民には無縁のもので、それをわざわざカルタに読むものだろうか。

そこで調べていくうちに行き当たったのが、ガラス製品の「江戸切り子」だ。

江戸切り子は、籠目《かごめ》や矢来・菊・麻の葉など繊細な和の文様をガラスに彫り込んだもので、メインカラーであるインクブルーを「瑠璃色」と呼ぶ。おそらく行灯《あんどん》の薄明かりにも、江戸切り子は美しく輝いたことだろう。ことわざに出てくる「瑠璃」は宝石ではなくて、切り子の瑠璃色のことではないかと想像を働かせるのである。

江戸切り子は天保五（一八三四）年、江戸・大伝馬町（現、日本橋）のびいどろ屋（ガラス屋）である加賀屋久兵衛が、硬質の金剛砂《こんごうしゃ》を用いてガラスの表面に彫刻で模様を施したのが始まりとされる。当初は透明なガラス（玻璃）に切り子細工をしたが、のちになってインクブルーの〝色被《いろき》せガラス〟を用いている。

切り子の「瑠璃色」は宝石の瑠璃とは無関係で、酸化コバルトの粉をガラスに混ぜ、千度の高温で熱することで発色させたものだ。宝石の瑠璃は海外のものだが、このことわざも、そして、このことわざに出てくる瑠璃も純国産というわけである。

おそらく大店《おおだな》の商人あたりが、切り子を行灯の薄明かりにかざし、キラリと輝くさまを眺めながら、それを人物に置き換え、「瑠璃も玻璃も照らせば光る」とつぶやいたのだろう。その姿を想像していると、**はたして自分は輝く江戸切り子であるのかどうか**、〝心の鏡〟に自分を映してみたくなるのだ。

本書は、本文庫のために書き下ろされたものです。

向谷匡史（むかいだに・ただし）

一九五〇年広島県生まれ。

浄土真宗本願寺派僧侶。作家。保護司。

人間を鋭くとらえた観察眼と切れのある語り口には定評があり、ファンが多い。近年は仏教の教えをわかりやすく解説することを中心に執筆活動を展開している。

おもな著作に『くよくよするな！　心のウサが晴れる名僧のひと言』（阪急コミュニケーションズ）『良寛　清貧に生きる言葉』（青志社）などがある。

知的生きかた文庫

35歳《さい》から
人生《じんせい》が豊《ゆた》かになる故事《こじ》・ことわざ

著　者　向谷匡史《むかいだにただし》
発行者　押鐘太陽
発行所　株式会社三笠書房
郵便番号一〇二-〇〇七二
東京都千代田区飯田橋三-三-一
電話〇三-五二二六-五七三四〈営業部〉
　　〇三-五二二六-五七三一〈編集部〉
http://www.mikasashobo.co.jp

印刷　誠宏印刷
製本　若林製本工場

© Tadashi Mukaidani,
Printed in Japan
ISBN978-4-8379-7855-8 C0181

落丁・乱丁本は当社にてお取替えいたします。

定価・発行日はカバーに表示してあります。

「知的生きかた文庫」の刊行にあたって

「人生、いかに生きるか」は、われわれにとって永遠の命題である。自分を大切にし、人間らしく生きよう、生きがいのある一生をおくろうとする者が、必ず心をくだく問題である。

小社はこれまで、古今東西の人生哲学の名著を数多く発掘、出版し、幸いにして好評を博してきた。創立以来五十余年の星霜を重ねることができたのも、一に読者の私どもへの厚い支援のたまものである。

このような無量の声援に対し、いよいよ出版人としての責務と使命を痛感し、さらに多くの読者の要望と期待にこたえられるよう、ここに「知的生きかた文庫」の発刊を決意するに至った。

わが国は自由主義国第二位の大国となり、経済の繁栄を謳歌する一方で、生活・文化は安易に流れる風潮にある。いま、個人の生きかた、生きかたの質が鋭く問われ、また真の生涯教育が大きく叫ばれるゆえんである。そしてまさに、良識ある読者に励まされて生まれた「知的生きかた文庫」こそ、この時代の要求を全うできるものと自負する。

本文庫は、読者の教養・知的成長に資するとともに、ビジネスや日常生活の現場で自己実現できるよう、手助けするものである。そして、そのためのゆたかな情報と資料を提供し、読者とともに考え、現在から未来を生きる勇気・自信を培おうとするものである。また、日々の暮らしに添える一服の清涼剤として、読書本来の楽しみを充分に味わっていただけるものも用意した。

良心的な企画・編集を第一に、本文庫を読者とともにあたたかく、また厳しく育ててゆきたいと思う。そして、これからを真剣に生きる人々の心の殿堂として発展、大成することを期したい。

一九八四年十月一日

押鐘冨士雄

知的生きかた文庫

3時間熟睡法

大石健一

朝起きても熟睡感がない、朝早く目覚めてしまう、夜中に何度も目が覚める、寝つきが悪い、起きたい時刻に起きられない……こんな悩みは「3時間熟睡法」ですべて解決!

「朝がつらい」がなくなる本

梶村尚史

ぐっすり眠って疲れを取るには? すがすがしい気分で目覚めるには? 本書では、10の睡眠タイプ別に、「寝つきがよくなる、快適に目覚める=朝に強くなる」方法を大公開!

危ない食品たべてませんか

増尾 清

気になる食品添加物・BSE・農薬……体への影響は? 安全な選び方、除毒法は? 食品問題研究の第一人者が、すべてお答えします!

1日1回 体を「温める」ともっと健康になる!

石原結實

体温が1度下がると、免疫力は30%落ちる! この1日1回の「効果的な体の温め方」で、内臓も元気に、気になる症状や病気も治って、もっと健康になれる!

なぜ「粗食」が体にいいのか

帯津良一
幕内秀夫

なぜサラダは体に悪い?——野菜でなくドレッシングを食べているからです。おいしい+簡単な「粗食」が、あなたを確実に健康にします!

C50087

知的生きかた文庫

般若心経、心の「大そうじ」
名取芳彦

般若心経の教えを日本一わかりやすく解説した本です。誰もが背負っている人生の荷物の正体を明かし、ラクに生きられるヒントがいっぱい！

道元「禅」の言葉
境野勝悟

他人の評価に振り回されてしまう、思い通りにいかないことばかりでイライラする、周りの人とつい衝突してしまう…そんな「人生の悩み」をすべて解消する禅の100話。

心が大きくなる坐禅のすすめ
中野東禅

どうか、軽い気持ちで坐ってください。「姿勢、呼吸、心」——この3つを調えるだけで効果絶大。心が大きく、強く、きれいになります。

ちょっと困った時、いざという時の「禅語」100選
西村惠信・監修　仏楽学舎・著

本書は、禅語の解説書でも、入門書でもありません。〝心の持ち方〟〝生きる智慧〟である禅語から、現代人の生きるヒントになるものを厳選、具体的な実践法を紹介！

禅、「あたま」の整理
藤原東演

短いながらも奥深く人生の要諦をつく禅語。「ものの考え方」を整理し、「こころ」を柔らかくしてくれるひと言が、毎日に〝気づき〟を与えてくれます。

C50081

知的生きかた文庫

人に勝ち、自分に克つ　強靱な精神力を鍛える
武士道
新渡戸稲造
奈良本辰也 訳・解説

日本人の精神の基盤は武士道にあり。武士は何を学び、どう己を磨いたか。本書は、強靱な精神力を生んだ武士道の本質を見事に解き明かす。

「孫子の兵法」がわかる本
守屋 洋

諸葛孔明、武田信玄、ナポレオン……百戦錬磨の名将たちが座右の銘とした『孫子』とは？　人間心理の洞察と優れた戦略を説く、兵法入門。

スマイルズの世界的名著
自助論
S.スマイルズ 著
竹内 均 訳

「天は自ら助くる者を助く」――。刊行以来今日に至るまで、世界数十カ国の人々の向上意欲をかきたて、希望の光明を与え続けてきた名著中の名著！

「その時歴史が動いた」心に響く名言集
NHK『その時歴史が動いた』[編]

永久保存版『その時歴史が動いた』名語録。各回の主役たちが遺した「歴史の名言」を厳選、そこに込められた哲学や人間ドラマを浮かび上がらせます！

仕事で大事なことは『坂の上の雲』が教えてくれた
古川裕倫

多くの経営者・リーダーが「座右の書」として挙げてきた名著『坂の上の雲』から、ビジネスに使える「考え方・ノウハウ」を徹底抽出！　心に響く「名言」32！

C50098

知的生きかた文庫

最新2010年版 図解 業界地図が一目でわかる本

ビジネスリサーチ・ジャパン

激変する「業界勢力地図」から「海外との提携地図」まで、最新データと、わかりやすい図解で徹底解説。業界研究から、投資、営業、就職・転職にも役に立つ！

世界の経済が一目でわかる地図帳

ライフサイエンス

これほどわかりやすい経済の本があったのか！　本書では、経済の動きを「見やすい地図」でわかりやすく紹介。「生きた情報」が手に取るようにわかる！

頭のいい説明「すぐできる」コツ

鶴野充茂

「大きな情報→小さな情報の順で説明する」「事実＋意見を基本形にする」など、仕事で確実に迅速に「人を動かす話し方」を多数紹介。ビジネスマン必読の1冊！

この一言が人生を変えるイチロー思考

児玉光雄

イチロー選手がたどり着いた「勝利の法則」を今すぐ学べる決定版！　96の名言に学ぶ〝結果を出す法〟は一生の財産。あなたの無限の可能性が引き出される！

たった3秒のパソコン術

中山真敬

「どうして君はそんなに仕事が速いの？」――その答えは本書にあった！　これまでダラダラやっていた作業を「たった3秒ですませる法」をすべて紹介。

C50107